• 이 책의 본문은 '을유1945' 서체를 사용했습니다.

야구×인생×자이언츠

2025년 07월 09일 초판 01쇄 인쇄
2025년 07월 25일 초판 01쇄 발행

지은이 김경중·김근우

발행인 이규상 편집인 임현숙
편집장 김은영 책임마케팅 윤선애
콘텐츠사업팀 강정민 정윤정 박윤하 윤선애
디자인팀 최희민 두형주
채널 및 제작 관리 이순복 회계 김하나

펴낸곳 (주)백도씨
출판등록 제2012-000170호(2007년 6월 22일)
주소 03044 서울시 종로구 효자로7길 23, 3층(통의동 7-33)
전화 02 3443 0311(편집) 02 3012 0117(마케팅) 팩스 02 3012 3010
이메일 book@100doci.com(편집·원고 투고) valva@100doci.com(유통·사업 제휴)
블로그 blog.naver.com/100doci_ 인스타그램 @100doci

ISBN 978-89-6833-507-5 03810
ⓒ 김경중·김근우, 2025, Printed in Korea

허밍버드는 (주)백도씨의 출판 브랜드입니다.
이 책은 저작권법에 따라 보호받는 저작물이므로 무단 전재와 복제를 금지하며,
이 책 내용의 전부 또는 일부를 이용하려면 반드시 저작권자와 (주)백도씨의 서면 동의를 받아야 합니다.

• 잘못된 책은 구입하신 곳에서 바꿔드립니다.

두 롯데 팬이 써 내려간 애증의 야구 레터

야구 × 인생 × 자이언츠

김경중·김근우 지음

허밍버드
Hummingbird

프롤로그

인생의 중심,
그 옆에 야구 그리고 자이언츠

"딱 하나만 말씀드리자면, 취미를 가지셨으면 좋겠습니다."

인사 담당자로서 입사한 지 며칠 되지 않은 신입 사원들에게 강조했다. 회사와 관련한 필수적인 사항을 전달한 뒤에는 빼먹지 않고 말했다. 처음 시작하는 사회생활에서 받는 스트레스를 풀 방법을 찾아야 정신적으로도 육체적으로도 건강을 유지할 수 있기 때문이다. 이건 인사 담당자라서 전하는 이야기만은 아니었다. 내가 직접 경험하고 깨달은 이야기이기도 하니까.

3년. 회사에 적응하기 위해 걸린 시간이다. 다른 사람과 관계를 맺는 데 어려움을 느낀 적이 거의 없고, 어느 곳에서든 잘 적응한다는 말을 들어 왔는데, 그런 내가 힘들어한 기간이 3년이었다. 금방 떨쳐 낼 거라고 생각했기 때문에 조급한 마음이 들었다. 처음 2년은 어떻게 시간이 흘렀는지도 잘 기억나지 않는다. 밤늦게 퇴근한 뒤에도 머릿속에 업무에 대한 생각이 가득했고, 꿈에서까지 일을 하고, 이른 새벽에 다시 출근했던 시기도 있었다.

스트레스가 쌓이면 슬픈 영화나 노래를 찾았다. 눈물을 흘리면 쌓인 감정이 조금은 풀렸기 때문이었다. 어느 순간부터는 눈물조차 나지 않았고, 특단의 조치가 필요했다. 그러다 어릴 때부터 종종 해 오던 달리기를 시작했다. 생각을 비우는 데 이만한 게 없었다. 30~40분씩 꾸준히 달리면서 속에 쌓인 한숨까지 다 뱉어 냈다. 근본적인 해결은 아니었지만, 버틸 힘이 되었다. 가끔은 코인 노래방을 찾았다. 소리를 내지르면서 풀리는 스트레스도 있었다. 잊고 있던 스트레스 해소법이 속속 떠오르기 시작했다. 그러다 문득 야구장이 떠올랐다.

야구는 꽤 괜찮은 취미였다. 직접 하지 않아도 보는 것만으로 충분했다. 특히 야구장에서 소리 지르고 방방 뛰면서 응원하면 내 안에 쌓인 것들을 다 털어 낼 수 있었다. 대학생 때부터 열심히 다니기 시작했고, 직장인이 되고서는 본격적으로 야구장을 드나들었다.

매년 개막전을 보러 야구장에 간다. 자이언츠 팬이기 때문에 주로 홈보다는 원정경기를 하지만, 숙소를 잡아서라도 쫓아간다. 새 시즌을 함께 시작한다는 즐거움도 있고, 야구장에 첫발을 디딜 때 불어오는 바람, 벅차오르는 감정은 매번 새롭다. 야구장은 희로애락을 느끼고, 바깥 공기를 마시며 스트레스를 풀 수 있는 곳이다. 지인과 좋은 추억을 쌓는 곳이기도 하다. 야구장에 다닐수록 애정이 깊어져서 어느덧 야구는 나의 최고이자 최장의 취미가 되어 버렸다.

공동 저자인 주니 님은 나와 야구라는 공통의 관심사가 있지만, 좋아하는 크기로는 따라갈 수 없을 만큼 야구에 깊은 애정을 갖고 있다. 얼마나 좋아하면 야구 이야기만 나오면 흥분할까? 자체적으로 승률 통계를 만들고, 경기 상황도 자세하게 꿰고 있는 사람이었다. 여러 취미 중 하나로 야구를 즐기는 나와는 완전히 다른 모습이 흥미로웠고, 대화의 90% 이상이 야구였던 우리는 함께 야구에 대한 글을 쓰기로 했다. 조금은 헤비한 팬과 라이트한 팬이 편지를 주고받으며 야구 수다를 떠는 것이다. 마침 대한민국에 야구 열풍이 불기 시작했다.

솔직히 야구는 이겨야 재밌다. 그래서 매번 즐겁지는 않다. 자이언츠 팬인 나는 더더군다나 쉽지 않다. '부산에 태어난 원죄로 자이언츠를 응원한다'는 말이 있을 정도로 모태 구단을 가졌기 때문에 응원 팀을 바꾸는 건 상상도 할 수 없다. 그래서 팀이 연패를 당하며 성적이 나쁘면 관심을 잠시 다른 데 두었다가 돌아오기도 한다.

서두에서 언급했듯 취미를 가지는 건 중요하다. 우리에게 다양한 감정이 있는 만큼 그에 맞는 해소도 중요하다. 야구로 스트레스를 풀던 나는 취미를 점차 늘려 나갔다. 잡념이 많을 때는 달리기를 하고, 답답한 마음을 쏟아 내고 싶을 때는 노래를 부른다. 무기력할 땐 헬스장을 찾고, 성취감이 필요하면 산에 오르기도 하고, 머리가 복잡할 땐 글로 감정을 남긴다.

취미라는 관점에서 꼭 전하고 싶은 말은 취미에 빈도는 무관하다는 사실이다. 꼭 매월 책을 세 권씩 읽어야만 취미가 아니고, 가수처럼 노래를 잘해야만 취미가 아니다. 가끔 생각날 때 할 수 있는 정도만 되어도 충분히 좋은 취미가 된다. 야구 관람도 마찬가지이다. 여러 취미 가운데 하나, 곁가지로써의 야구라 해도 많은 사람들이 다가갔으면 좋겠다. 팀도 많고, 응원가도 많고, 먹거리는 더 많은 곳. 그 신나는 분위기를 더 많은 사람이 느꼈으면 좋겠다. 야구 그리고 다양한 취미를 즐기는 모습을 책 속에 담았다. 라이트하게 그러나 누구보다 진심을 담아서.

그건 그렇고 매년 '올해는 다르다'라고 외치는데 올해는 진짜 뭔가 다를 것 같은 느낌이 든다. 설레발이라고 할 수도 있겠지만 매년 이런 기대라도 갖지 않으면 야구를 어떻게 볼까 싶다. 솔직히 말하자면 직관을 그렇게 갔으면서도 한국시리즈에서 몇 경기를 하는지 만날 까먹는다. 올해는 추운 날씨에 야구 점퍼 입고 야구 보러 가길 온 마음으로 바란다. 제발.

드리

프롤로그

뭐라고요? 야구가 더는 아재 스포츠가 아니라고요?

 가끔 떠오르는 어린 시절 기억에서 나는 부모님 손을 잡고 어디론가 향했다. 그곳을 가는 날은 늘 맛난 걸 먹었다. 한입 베어 물면 기름짐과 바삭함을 온전히 즐길 수 있는 프라이드와 양념치킨 맛을 잊을 수 없다. 어느 날은 오묘한 냄새가 내 코를 찔렀다. 주위 관중들이 몰래 담아 온 소주의 향기이리라. 후각과 미각을 즐기다 보면 청각 역시 반응한다. 이곳을 가득 채우는 음악 덕분에 나도 모르게 몸을 흔들게 된다. 그에 맞춰 울려 퍼지는 환호성은 덤이고, 난무하는 욕설도 빼놓을 수 없다. 부산 사투리와 경상도 특유의 악센트, 창의성 섞인 아재들의 수위 높은 멘트는 〈쇼미더머니〉에 나가도 합격 목걸이를 받을 정도다. 시각 또한 놓칠 수 없다. 초록 잔디 위에서 공 던지고 방망이 휘두르며, 베이스 하나를 차지하고자 몸을 던지는 이들. 그들을 바라보며 환호하고 실망하며, 시시각각 표정이 바뀌는 관중들. 그곳의 풍경과 함께 오감이 어우러지면 온몸에 소름이 돋는다. 지금도 말이다.

이 모든 건 부산 동래구 사직 야구장에서 일어난 일이며, 롯데 자이언츠와 함께한 추억이기도 하다. 잘 기억나진 않지만, 예전 야구장은 그야말로 싱싱했다. 날것 그 자체였다. 그물망을 올라가던 관중들에, 팀 간 벤치클리어링도 빼놓을 수 없다. 여기가 야구장인지, 전쟁터인지 구분되지 않는다. 이런 여러 측면 때문인지 야구는 아재 스포츠라고 불리기도 했다.

싱싱한 회처럼 날것 그 자체였던 야구를 어릴 때는 잘 받아들이지 못했다. 오감을 자극하기엔 충분한 스포츠였지만, 도파민이 뿜어져 나오는 정도는 아니었다. 하지만 부모님의 영향으로 내 인생에서 야구를 분리할 수 없었다. 솔직히 이해하기 어려웠다. 왜 이렇게 길고 긴 경기를 봐야 하는지, 도대체 뭐가 그렇게 재밌는 건지, 그리고 왜 맨날 지는지.

야구에 본격적으로 빠져든 건 몇 년 되지 않는다. 그 계기는 간단했다. 직장과 야구장이 매우 가까웠다는 점. 오랜만에 보러 간 경기가 아쉽게 지자 미련이 남아 또 가게 된 점. 단 두 가지 때문에 나는 야구에 빠져들었고, 비극은 그렇게 시작되었다.

맹목적으로 야구장에 가다가 어느 순간 돌아보니 나만 그런 게 아니었다. 야구장에 젊은 층이 꽤 많이 보이는 거다. 야구는 이제 더는 아재 스포츠가 아니다. 2024년 천만 관중 돌파하며, 야구는 국민 스포츠로 자리매김하였다.

나는 롯데 자이언츠 팬이다. 우리 구단은 21세기 우승 못 한 팀으로 유명하다. 2024년까지 7년 연속 포스트시즌 진출에 실패했고. 그럼에도 불구하고 롯데만 바라보는 의리감에 불타는 팬들은 나를 포함해 수없이 많다. 2024년 비수도권 최초로 3천만 관중을 돌파한 것만 봐도 충분히 알 수 있지 않은가. 2024년 KBO 정규 시즌 7위라는 성적에도 불구하고, 전체 관중 동원 순위 5등, 평균 관중 동원 순위 4등을 달성한 것도 그렇다. 이조차도 상위권이 가을야구에 진출한 팀인 걸 고려하면, 팬들의 열기가 굉장하다는 걸 알 수 있다.

나에게 야구는 인생 그 자체이며, 애증의 존재다. 패배하면 화가 머리끝까지 차오르다가도 단 한 번의 짜릿한 승리로 나쁜 기억을 모두 잊는 등 야구라는 뫼비우스의 띠에 갇혀 벗어날 수 없기 때문이다. 반복되는 야구 관람으로 쌓인 분노를 올바르게 승화시키고자 글을 써 내려갔다. 완벽히 해소되는지는 의문이다. 글을 쓰며 패배한 경기를 복기하다 스트레스를 배로 받은 적도 있으니까.

그러던 중 드리 님을 만났다. 나보다 야구를 오랜 기간 좋아했지만 라이트하게 즐기는 사람. 그에 비해 야구에 빠진 기간은 짧지만 매우 헤비하게 접근하는 나. 야구 보는 관점이 매우 달랐기에 이야기 소재가 많았다. 덕분에 만날 때마다 시간 가는 줄 몰랐다. 그러다 생각했다. '우리가 나눈 이야기를 글로 남기면 어떨까?' 단 하나의 제안에서 이 모든 게 출발했다.

    이 책은 2024~2025년 시즌을 기반으로 롯데 야구를 보고 살아가는 팬들의 생생한 이야기가 담겨 있다. 야구에 심히 몰두하며 살아가는 팬과 야구를 균형 있게 즐기는 팬의 삶을 편지로 꾸며 봤다. 야구 이야기만 하지는 않았다. 야구와 인생은 참으로 많이 닮았기에 현시대를 살아가는 30대의 삶도 녹여 냈다. 솔직히 기대된다. 이 책으로 야구를 좋아하는 사람이 더 생긴다면? 야구에 대한 기쁨과 슬픔을 공감하며 읽는 이들이 있다면? 상상만으로도 행복했다. 그 마음으로 드리 님과 함께 이 글을 시작하였고, 쓰는 내내 즐거웠다.

    이 책이 나올 때쯤, 2025년 시즌이 한참 진행 중일 거다. 부디 가을야구 갈 수 있길 바랄 뿐이다. 그게 올해 나의 0순위 소원이다. 제발 추울 때도 야구 보자. 부탁한다. 롯데 자이언츠.

주니

차례

⚾ 프롤로그 4

No	Title	Page
1장 올해는 다르다! 이번엔 가을야구 가는 거 아냐?		
1	**안녕하세요** 같이 글을 만들어 보면 어떨까요?	18
2	**이제야 답합니다** 설레는 마음을 담아	21
3	**변화 속에서 살아남기 위해** 실패는 없고 성공으로 가는 과정만 있을 뿐	24
4	**자, 이제 시작이야!** 결국엔 해낼 거라 믿는다. 그러니까 버티는 게 답이다	28
5	**저도 '잘'하고 싶습니다** 그러려면 '그냥' 해야겠죠	32
6	**그는 내가 제일 좋아하는 선수예요** 조선의 4번 타자죠	36
7	**뻔뻔한 사람에 대해 어떻게 생각해요?** 어디서든 당당하고 싶기도 하고요	42
8	**평소엔 J지만 야구장에서는 P입니다만** 야구가 매번 계획대로 흘러가면 얼마나 좋을까요?	45
9	**저의 MBTI는 정상입니다** 맹신론자는 아니지만, 왠지 아니라고 변명을 하는 중	48
10	**사직 야구장에 의료지원 간다고?** 인생은 계획대로 되지 않기에 즐거운 게 아닐까?	52
11	**혹시 다른 취미가 있나요?** 늦어서 미안합니다. 그런데 다른 취미는 없나요?	57
12	**취미를 공개합니다** 그런데 이마저 헤비합니다	62

No	Title	Page

2장 올해도 똑같다. 꼴찌나 안 하면 다행이지

1 직장인의 2주간 배낭여행   다행히 잘리지 않았습니다   68

2 여행 이야기는 늘 설렙니다   야구장 투어도 벌써 기대되고요   73

3 야구를 계속 봐야 하나요? 새로운 곳에 눈이 가는데   77
고난과 역경이 오더라도

4 자이언츠의 부진과 직관 1승 4패의 슬픔에 대하여   81
MJ effect를 소개합니다

5 병에 걸렸습니다. '아무것도 하기 싫어병'   이 모든 게 야구 때문입니다   88

6 지금까지 괜찮다고 말했을 거야. 이젠 안 돼. 이겨 내야 해   92
결국 증명만이 답이다

7 새 기타 부동이를 만났습니다   야구는 목뒤의 점과 같아요   96

8 새로운 공부를 시작했습니다   여전히 어렵고 지겹지만요   99

9 우리 팀을 응원합니다. 너희 팀 말고요   104
떠난 마음을 다잡고 야구 봅니다. 다시

3장 왜 갑자기 잘하는 거죠? 드디어 우승입니까?

1 죄를 저지르고 말았습니다   그런데 사랑이 죄는 아니잖아요?   110

2 여섯 번의 동점과 역전! 5시간의 엘롯라시코   114
역시 야구는 직관이 답입니다

3 범인 잡으려고 치킨집 하는데, 왜 장사가 잘되는데!   118
왜 이렇게 무를 많이 주나요? 무려 2개씩이나…

4 상반기 결산은 흉작입니다   하반기는 분명 풍작이겠죠?   122

5 실패 확률 99.7%라고 포기할 건가? 0.3%를 믿고 해 보겠는가?   126
정답은 없다. 단지 확률에 갇히고 싶지 않을 뿐

6 원래 그런 것은 없습니다만   오늘은 제대로 야구 이야기입니다   129

7 구속 150km 투수, 도루 41개 타자 주면 큰일 아냐?   133
그래서 결과는 어떻게 되었을까?

8 8년 차 막내입니다. 언제쯤 벗어날까요?   당신의 역할은 무엇인가요?   137

9 9전 9승 0패 가능할까요?   제 역할은 5할 직관 타자입니다   141

No	Title	Page

4장 가을야구, 가느냐 마느냐 그것이 문제로다

1 직관을 가는 건 관성 때문일까요?   이번에는 러닝입니다   146

2 폭염주의보의 3연전, 결국 다 가고 말았습니다   150
   누구를 위한 오후 2시 경기인가

3 실책은 싫지만 실수를 이해합니다   밴드 공연이 떠올라 버렸습니다   155

4 단 9%, 고작 0.4초   포기하지 않고 증명하는 것만이 이기는 길   159

5 포기하고 싶던 순간, 야구를 떠올렸습니다   163
   달리기와 프로야구의 공통점

6 야구장의 모든 게 좋습니다. 야구만 빼고요   중증입니다. 야구 말이죠   167

7 야구공을 도둑맞은 날과 새로운 시작   171
   최다 안타와 명장이 있는 팀. 그런데 몇 등이라고?

8 Manner makes Fan   대놓고 비난받으면 가만있을 사람 누가 있나요?   176

9 우승 못 할 거란 상상과 우승의 연관성   180
   부정적인 상상을 성공의 발판으로

10 역전하느냐 마느냐? 그것이 문제로다!   없는 거 없이 다 있는 롯데시네마   183

5장 내년이 답이다. 5개월의 기나긴 기다림

1 200만 원어치 충전을 받았습니다   190
   내가 주인공인 걸 직관적으로 느낀 날

2 야구장 매일 갈 바엔 사직에 집을 구하는 게 낫지 않을까?   193
   비시즌은 추론의 연속

3 봄데, 아니 이제 동데!   땅이 얼어붙는 시기, 더욱 단단해질 우리   196

4 성심당 말고 성담장을 아시나요?   올해는 진짜 다릅니다. 정말로!   200

5 질 수도 있지, 봄데란 이름이 중요합니까?   근데 진짜 봄데 맞나요?   204

6 자이언츠 팬이 130만 명이라고?   어쩌면 다 사라질지도!   208

No	Title	Page

6장 올해는 다르다! 이번엔 가을야구 가는 거 아냐?

1 **개막했는데, 개 막 할 수도 있는** 대패한 날엔 대패 삼겹살을 먹는다 216

2 **아픕니다. 게다가 죽을 뻔했습니다** 예상치 못한 사람이 범인입니다 220

3 **상수의 배신, 변수의 반란** 그래도 아직 모른다 224

4 **그녀로부터 연락이 왔고, 일이 터졌습니다** 이제 남은 건 하나뿐입니다 228

5 **우리랑 라이벌이라면서 이러기예요?** 초심자 효과를 보여 줄 때입니다 232

6 **사직 야구장 펀치왕이 된 날** 중간이 참 어렵습니다 236

7 **그렇게 우리는 어른이 되어 갑니다** 잠깐, 어린이날이 ○○라고요? 240

8 **부산 바닷가에 야구장이 생긴다고요?** 낭만도, 안전도 지키고 싶은 244

9 **1리터 우유에 제티 타 먹는 사람을 뭐라고 부를까요?** 248
어른입니다. 아니 '어른이'요

10 **월요병보다 무서운 야없날병** 행복할 수 없는 야구팬의 숙명 252

⊘ **에필로그** 256
⊘ **추천의 말** 264

1장

올해는 다르다!
이번엔 가을야구 가는 거 아냐?

	1	2	3	4	5	6	7	8	9	10	11	12
Dri	0	0	0	0	0	0	0	0	0	0	0	0
Joonie	0	0	0	0	0	0	0	0	0	0	0	0

B ○○○   S ○○   O ○○   H ○   E ○   FC ○

| Dri | ▲ | **안녕하세요** |
| Joonie | 1 | |

같이 글을 만들어 보면 어떨까요?

오늘 하루는 어땠나요? 저는 금요일 연차를 내고 목요일 늦은 밤 고향으로 내려가는 기차에서 글을 쓰고 있습니다. 이번 금요일에 휴가를 쓰면 주말에 이어 신정까지 나흘을 쉴 수 있거든요. 그런데 솔직히 말하면 길게 쉬고 싶다는 건 핑계고, 게으름 때문에 휴가를 쓰게 되었습니다. 기차표 예매하는 걸 깜박하는 바람에 하루 앞당겨 내려가는 중입니다.

한 해가 벌써 저물고 있습니다. 올해는 개인적으로 실패의 기억이 거의 없는 한 해였습니다. 왜냐하면 새로운 시도를 별로 하지 않았거든요. 내년은 다를 겁니다. 새로운 목표를 세우고 이루어 갈 거니까요. 왠지 이 말, 우리에겐 떼려야 뗄 수 없는 익숙한 표현이네요.

"올해는 다르다."

제 다짐을 말하기도 전에 흥분할 수밖에 없는 말을 내뱉어 버렸습니다. 우리의 공통분모 '롯데 자이언츠' 말이지요. '올해는 다르다'는 말이 널리 사용되기 시작한 해가 언제인지 정확히는 모르겠지만, 저에게는 2013년경부터가 아니었나 싶습니다.

2012년까지는 자이언츠 팬들에게 참 특별한 시간이었습니다. 그때까진 야구를 잘한다고 할 수는 없지만 일단 지지 않을 것 같은 야구를 했거든요. 그 무렵 저는 '노 피어(No Fear)' 정신을 외치며 직관을 다니기 시작했습니다. 그 화끈한 야구의 맛을 더는 TV로만 볼 수 없겠더라고요.

2013년은 자이언츠에 지지 않을 것 같은 자신감을 불어넣어 주던 정신적 지주, 제리 로이스터 감독이 떠나고 새로운 시즌을 맞이하는 첫해였어요. 하지만 아시다시피 자이언츠는 2013년부터 (2017년을 제외하고) 포스트시즌에 오르지 못하고 있습니다. 매년 다른 캐치프레이즈를 걸고 있지만, 팬들은 '올해는 다르다'는 말을 버릇처럼 하고 있지요.

자이언츠가 매번 기대감을 안고 시작했던 연초와는 다르게 도돌이표를 그리고 있는 동안 어떻게 지내고 있나요? 저는 학생에서 직장인이 되었고, 공학을 전공하다 지금은 인사 업무를 하고 있네요. 일로는 우울증을 견디는 단계부터 적응하는 단계까지 매년 다른 모습으로 변해 왔고요.

  다시 처음으로 돌아가 저의 새로운 목표를 말하면, 글을 꾸준히 쓰는 것입니다. 좋아하는 주제로 글을 쓴다면 동기부여가 되지 않을까 싶어요. 생각해 보니 다양한 취미가 있지만, 깊게 광적으로 빠져 있는 취미는 없는 것이 괜히 아쉽습니다. 10여 년간 꾸준히 한 것이 무엇이냐고 묻는다면 결국 야구 직관입니다. 부산에서 태어났다는 이유로 생겨 버린 원죄로 롯데 자이언츠 팬이 되었습니다. 그 누구도 강요한 적 없었죠. 그래서 말인데요. 저랑 한번 글을 써 보면 어때요? 어차피 야구 이야기 하는 척하면서 일상 이야기 쓸 거예요. 야구는 잘 모르니까요.

  그럼 답장 기다릴게요. Happy New Year!

from. 드리

| Dri | **2** | *이제야 답합니다* |
| Joonie | ▼ | |

B ●●●
S ●●
O ●●

설레는 마음을 담아

　　　　　깜짝 놀랐습니다. 편지를 읽기 전에 야구 예능을 보고 있었거든요. 시즌 동안 총 31번 경기를 하며, 승률 7할을 달성하지 못하면 폐지되는 콘셉트의 프로그램입니다. 마침 31번째 경기였고, 이걸 이겨야만 승률 7할이 되는 극적인 상황이었습니다. 손에 땀이 나도록 집중해서 보다가 스마트폰을 집어 앱을 실행시켰습니다. 〈컴투스 프로야구〉입니다. 야구 예능을 보다가 야구 게임이 하고 싶어지는 건 당연한 일 아닐까요?

　여기까지 읽고 이런 생각이 들지도 모르겠습니다. 평소에 야구도 많이 보고, 야구 예능을 즐기고, 야구 게임까지 파고들다니, 역시 딥(deep)하고 헤비(heavy)하구나! 그런데 저는 의문입니다. 이 정도는 다들 기본 아닌가요?

1984년 한국시리즈에서 최동원 선수의 분투 덕분에 4승 1패라는 결과로 롯데 자이언츠가 우승했다고, 그 시절의 자이언츠 이야기를 또 하고 또 하는 아버지. 인터넷 예약 같은 게 있을 리 없던 시절, 밤새워 줄을 서서 야구장에 들어가 자이언츠 경기를 보던 어머니. 골수팬 두 분에게 이끌려 야구팬에 대한 조기 교육을 받은 덕분에 (아마도 현재의 대치동 교육 열정에 버금갈 것 같습니다) 지금의 제가 될 수 있었습니다. 그런데 이 정도는 부산의 롯데 자이언츠 팬이라면 기본 아닌가요? 중학교가 의무 교육인 것처럼 말이에요.

주입식 교육의 폐해 탓인지 어릴 때는 야구에 푹 빠지지 않았습니다. 이토록 몰두하게 된 건 2022년입니다. 그때의 저는 진짜 사직 야구장에 뼈를 묻을 각오가 되어 있었습니다. 한마디로 야구에 미쳤죠. 사실 엄청난 계기가 있었던 건 아닙니다. 직장에서 걸어서 20분 거리에 야구장이 있었기 때문입니다. 코로나로 활동에 제약이 있던 때라 야외에 나온다는 것 자체가 너무나도 행복했죠. 아니, 행복할 줄 알았습니다.

2022년 첫 직관은 패배였습니다. '그래, 질 수도 있지. 다음엔 이기겠지' 그렇게 편한 마음을 먹어야 했는데, 그러지 못했습니다. 제 성격상 꽂히는 게 있으면 죽이 되든 밥이 되든 끝장을 봐야 하는데, 하필 직관 승리 목격에 꽂혔던 거죠. 비극의 시작이었습니다.

8888577의 자이언츠를 가을야구로 이끌었던 제리 로이스터 감독이 선수들에게 강조한 말이 있습니다.

"No Fear."

로이스터 감독의 'No Fear' 정신을 2022년도의 제가 계승하고만 겁니다. (참고로 8888577은 7년간 롯데의 성적이며, 당시 한국 야구 구단은 총 여덟 팀이었습니다.) 그 이후 야구장을 참 열심히도 다녔습니다. 이 이야기는 앞으로 지긋지긋하게 들려드릴 예정입니다.

주식의 빨간 곡선과 파란 곡선을 오가듯 감정의 극과 극을 왔다 갔다 반복하는, 부산 야구에 뼈를 묻었다고 자부하는 골수팬 부모로부터 롯데 자이언츠 DNA를 물려받은, 소원을 하나 빌 수 있다면 로또 1등보다 롯데 자이언츠의 우승을 바라는 저의 이야기, 궁금하신가요?

올해 제 목표 역시 계속해서 글쓰기입니다. 혼자가 아닌 함께 쓴다고 생각하니 설레네요. 야구는 알 것 같으면서도 잘 모르겠습니다. 그걸 알고 싶어서 야구선수가 되고 싶다는 생각도 하지만, 그건 다음 생에 도전하겠습니다. 이야기를 주고받으며 야구에 대해 좀 더 알아 가고 싶어요. Happy New Year!

from. 주니

| Dri | ▲ | **변화 속에서** |
| Joonie | **3** | **살아남기 위해** |

B ●●●
S ●●
O ●●

실패는 없고
성공으로 가는 과정만 있을 뿐

저는 오랜만에 친구와 제주도 여행을 왔습니다. 새로운 시작을 위해 약간의 변화가 필요하다고 생각했고, 3박 4일의 여행을 계획했습니다. 최근 비행기가 결항하였다는 소식을 많이 들어서인지 날씨에 대한 걱정이 많았는데, 감사하게도 좋은 날씨 속에 쾌적한 시간을 보내는 중입니다.

저는 날씨 요정 중에서도 상당히 높은 레벨인 편입니다. 얼마 전 일본 여행 때는 오던 태풍도 돌려세웠는데, 태풍이 한국으로 방향을 트는 바람에 괜히 죄책감이 들었던 적도 있어요.

좋은 날씨 덕에 환기가 됩니다. 마치 스프링캠프에 온 느낌이에요. 시즌을 앞두고 몸을 만드는 선수들처럼 예열하는 느낌으로 시간을 보내고 있습니다.

변화가 필요하다고 느끼는 저와는 다르게 2024년 KBO와 자이언츠에는 이미 많은 변화가 예고되어 있네요. **ABS와 베이스 크기 확대, 수비 시프트 제한** 등이 가장 큰 변화라고 알고 있습니다. 야구의 매력인 '끝날 때까지 끝난 게 아니다'라는 것에서 오는 역설적인 아쉬움, 경기 시간 단축을 위해서 말이에요. 10개 구단에 속한 수많은 선수가 뛰고 있는 프로리그에서 룰의 변화는 사람마다 다르게 받아들여지겠죠. 어떤 이에게는 환호를, 다른 이에게는 좌절을 줄 겁니다.

사실 이건 야구에만 적용되는 이야기는 아니에요. 직장을 다니는 저에게도 비슷한 일이 일어나곤 하는데요. 회사는 아무리 좋은 조직 문화를 가지고 있어도 결국 상사의 결정이 있어야 일이 진행되는 구조로 되어 있습니다. 높은 위치일수록 책임이 커지는 만큼 자신의 색깔로 조직을 운영하게 되고, 아랫사람들은 상사의 결정을 따라야 하는 숙명을 가지고 있습니다. 인사 시기가 되면 직원들이 긴장하는 것도 비슷한 이유겠죠. 누가 맡느냐에 따라 작게는 부서, 크게는 회사 전체의 색깔이 바뀌기도 하니까요.

저는 계속해서 상사가 바뀌는 환경에서 지내 왔습니다. 사람마다 원하는 바가 다르니 맞추는 게 쉽지 않습니다. 그렇게 몇 년의 시간이 쌓이다 보니 나름의 답은 찾았습니다. 국내외

많은 전문가도 이야기했듯이 규칙이 바뀌면 그에 맞게 바뀌는 것도 필요하다는 겁니다.

다시 자이언츠로 고개를 돌려 봅니다. 올해는 다를 거라는 캐치프레이즈로(자이언츠 공식은 아닌), 팬들의 외침이 벌써 들려옵니다. 그와는 별개로 규정이 달라지면서 정말로 새로운 한 해가 예고되었습니다. 어쩌면 스포츠 룰 변경은 직장인의 조직 변화보다 더 큰 영향을 줄 것 같아요. 스포츠는 미세한 변화에도 균형이 무너질 수 있는 분야니까요.

아직 1월이잖아요. 저는 잘 해내리라 믿습니다. 매년 믿음이 있기에 투덜거리면서도 계속 응원할 수 있는 게 아닐까요? 마침 선수들에게는 리더도 바뀐 해네요. 여러 변화가 있는 프로야구에서 우리 팀이 살아남길, 팬들이 웃는 날이 더 많아지길 바라는 건 애정 대비 그리 큰 욕심은 아니라고 생각합니다.

주니 님은 새해를 어떻게 열고 있나요? 올해의 가장 큰 변화는 무엇인지도 궁금합니다. 변화에 뒤처지지 않을 우리 선수들을 위한 야구 직관 목표도 있나요? 여러 질문과 함께 이만 물러납니다.

from. 드리

야구 토막 상식

ABS(자동 볼 판정 시스템, Automatic Ball-strike System)
심판이 투수가 던지는 공을 스트라이크, 볼로 판정하는데, 판정에 대한 시비가 끊이지 않았음. 2024년부터 심판 대신 카메라 센서를 이용해 스트라이크, 볼 판정을 자동으로 하기 시작함

베이스 크기 확대
야구는 득점을 위해 1루, 2루, 3루, 홈 베이스를 순서대로 밟아야 하는데, 베이스가 커지면 밟기가 쉬워져서 공격 시 유리해짐

수비 시프트 제한
공격 팀의 타자는 투수가 던지는 공을 치는 역할을 하는데, 이때 수비 팀은 타자가 때린 공이 날아가는 방향을 분석함. 공이 날아올 확률을 계산하여 수비수의 위치를 변경시키는데, 분석을 통한 극단적인 수비 형식을 제한함

Dri	**4**	***자, 이제***
Joonie	▼	***시작이야!***

B ●●●
S ●●
O ●●

**결국엔 해낼 거라 믿는다.
그러니까 버티는 게 답이다**

저 역시 2022년 3월, 새로운 직장으로의 입사를 앞두고 일주일 동안 제주도에 머문 적이 있습니다. 그때의 멋진 추억을 떠올리면 지금의 직장 생활도 잘 버틸 수 있게 됩니다.

저와 드리 님이 제주도를 방문한 이유는 '변화'였는데요. 야구에도 변화가 많습니다. ABS는 심판이 판정하던 걸 기계가 대신한다는 말이고요. 베이스 크기 확대는 주자가 베이스 밟을 확률을 높이는 겁니다. 수비 시프트 제한을 두어 경기 속도를 빠르게 하고요.

어떻게 보면 판 자체가 바뀐다고 볼 수 있겠네요. 그 와중에 판을 움직이는 게임 참가자들의 변화도 생겼습니다. 대표적으로 롯데 자이언츠 소속 선수들입니다.

조선의 4번 타자 이대호가 은퇴한 뒤, 새로운 선수들이 두각을 나타내고 있습니다. 아시안게임에서 자신의 가치를 증명한 윤동희 선수가 대표적이죠. 변동이 심한 세계에서도 꾸준함을 유지하는 선수들도 있는데, 원클럽맨을 선택한 전준우 선수가 바로 떠오릅니다. 거기에 프로야구 판을 뒤바꿀 가능성을 지닌 감독님이 롯데에 왔죠. 바로 김태형 감독입니다. 두산 베어스 감독 시절, KBO 최초로 7년 연속 한국시리즈 진출을 해낸 명장 중의 명장입니다. 자이언츠에 부임한 김태형 감독은 선포합니다.

"3년 이내에 우승하겠다."

그 말대로 이루어지기만 하면, 유니폼을 3개는 더 사겠습니다. 기분 좋게 지갑을 열 테니, 제발 우승을 주세요.

변화라는 키워드에 빼놓을 수 없는 이가 한 명 더 있는데요. 바로 한동희 선수입니다. 2018년 롯데 자이언츠에 신입으로 들어와 '리틀 이대호'라고 불릴 만큼 기대를 한 몸에 받았지만, 기대한 만큼의 모습이 나오지 않았습니다. 이대호의 후계자라는 너무나 무거운 왕관의 무게를 견뎌야 했고, 그에 못 미쳐 점점 주눅 들어 가는 한동희 선수를 볼 때마다 안쓰러운 마음이 들었습니다. 다행인 건 그를 돕고자 추강대엽(뛰어난 타자 추신

수, 강정호, 이대호, 이승엽을 줄인 말) 중 2명 이대호와 강정호가 뭉쳤다는 겁니다. 부디 더 나은 모습으로 만나길 바랄 뿐입니다.

 프로야구, 롯데 자이언츠 선수들처럼 저 역시 최근 2년 사이에 큰 변화가 생겼습니다. 근무지를 부산에서 서울로 옮긴 것입니다. 그리고 마주한 건 낯섦입니다. 직장 환경, 동료, 주거지는 물론 새로운 업무까지 추가되는 변화를 겪었습니다. '그냥' 하는 게 아니라 '잘' 해내야 하니, 매일 쉽지 않음을 실감하고 있습니다. 이 험난한 길을 인내하며 걸어가고 있는 수많은 K-직장인에게 박수를 보냅니다.

 저의 올해 목표는 거창하지 않습니다. 최근 2년간의 목표와 동일합니다. '자, 이제 시작이야!' 말 그대로입니다. 어릴 적 보던 만화 〈포켓몬스터〉 주제가 도입부처럼 말이에요. 지더라도 이기더라도 다음 날 또 승부를 펼치는 프로야구 선수들처럼, 패배하더라도 내일을 위해 잊고, 승리해도 한 번 더 웃기 위해 새롭게 출발하는 것처럼 마음가짐을 늘 한결같이 가지기로 했습니다.
 다시 시작한다는 마음으로 하루하루를 보내다 보면, 결국엔 내가 원하는 목표에 도달하리라 믿습니다. 우리 선수들도 그러리라 믿어요.

2024년 프로야구 시즌 역시 '자, 이제 시작이야!'입니다. 스프링캠프가 시작되었고, 개막전을 향해 달려갑니다. 저희 역시 야구 직관 계획을 세울 때입니다.

from. 주니

Dri	▲	**저도 '잘'하고**
Joonie	**5**	**싶습니다**

B ●●●　　**그러려면 '그냥' 해야겠죠**
S ●●
O ●●

우리는 주에 한 번 편지를 보내기로 했습니다. 각자 격주에 한 번씩 쓰는 셈이지요. 일기를 쓰는 것과 다른 사람에게 글을 보내는 건 또 다른 느낌이네요. 3~4일마다 주고받자고 했던 게 얼마나 경솔한 제안이었는지 깨닫습니다. 과거의 저를 반성합니다.

최근 '그냥' 해내는 것이 얼마나 대단한 일인지 새삼 느끼고 있습니다.

언젠가 김연아 선수의 인터뷰 영상을 본 적이 있습니다. 무슨 생각을 하면서 운동하냐는 질문에 그냥 하는 거라고 답하더군요. 손흥민 선수도 그냥 아무 생각 없이 한다고 같은 답을 내놓은 것을 본 적 있고요. 온몸의 미세한 근육까지 조절하며 최상의 컨디션과 퍼포먼스를 보이는 세계 최고의 운동선수가 무심히 내뱉는 '그냥' 한다는 말이 멋지게 들렸습니다.

저 역시 한동희 선수의 데뷔 첫 시즌이 생생하게 기억납니다. 아주 기대되는 신인 선수로서 꾸준한 기회를 받았고, 성과를 보이는 날도 있었지만 그렇지 못할 때도 있었습니다. 이런 상황에서 돈을 받는 프로라면 '잘'해야지 '그냥' 나오기만 하면 어떡하냐는 질책이 어김없이 쏟아졌습니다.

한동희 선수를 보며 고참 선수들이 '잠재성이 있고, 실력도 갖추었으나 자신을 믿지 못하고 위축되는 경향이 있다'고 하더라고요. 머지않아 스스로를 가두고 있는 벽을 깨고 나올 거라 믿습니다. 선배들이 말하는 잠재력을 유감없이 발휘하는 '그냥' 하는 사람이 되길 바라는 거죠.

'그냥' 한다는 건 뭘까요? 저는 좋은 결과를 내기 위해 쌓아 올리는 준비와 연습의 개념이라고 생각해요. 이러한 연습이 쌓여 직관이 되고, 자연스럽게 판단으로 이어지는 거라고요. 아쉬운 건 사람마다 실전에서도 꾸준히 윤곽을 드러내기 위해 쌓아야 하는 연습의 양이 다르다는 거죠. 그러기에 한동희 선수의 꾸준함과 '그냥'을 응원하는 입장에 서 보기로 합니다.

그런데 하루에 1시간 남짓의 꾸준함은 다소 미약하게 느껴지기도 합니다. 하루 일과를 마치면 잠들기 전까지 1시간 정도의 여유 시간이 생기는데요. 이때가 저의 글쓰기 시간입니다. 이번 주처럼 회식 일정이 잦은 때에는 1시간 글쓰기를 마치면 새벽 1~2시가 되니 꾸준함을 유지하는 게 여간 어려운 일이 아니더라고요. 하지만 어려우면서도 재미있습니다. 뚜렷한 목표가 있는 게 아니라 '그냥' 하는 것에 가까운 상태거든요.

왜 '그냥'은 본업이 아니라 부업이나 취미에서 더 통하는 걸까요? 속상한 일입니다. 본업에서도 '그냥'이 통하면 좋겠는데 말이에요.

제 업무는 주로 문서를 다루는 일입니다. 그런데 문서를 그냥 작성했다가는 커다란 피드백이 돌아옵니다. 보고서의 제1원칙은 옆집 사람에게 들이밀어도 바로 이해할 수 있도록 쉽게 쓰는 건데, 그냥 하고 싶은 말만 가득 늘어놓은 종이는 의미가 없지요. 그래서 '그냥' 하는 게 아니라 '잘' 해내야 하는 어려움에 대한 주니 님의 이야기가 공감됩니다. 조금 진부하지만 연습을 실전처럼 실전을 연습처럼, '그냥'의 수준을 '잘'까지 끌어올리면 되지 않을까요? 많이 깨지고 다시 되뇌고 스스로 실망하고 다시 일어서면서요.

드디어 개막이 코앞입니다. 기억하나요? 작년에 우리가 유일하게 함께했던 야구 직관 날 지각한 일을요. 그러면서 내년은 조금 더 여유가 있을 테니 늦지 않을 거라고 했던 것도요. 믿겠습니다.

from. 드리

| Dri | **6** | ***그는 내가 제일*** |
| Joonie | ▼ | ***좋아하는 선수예요*** |

조선의 4번 타자죠

매일매일 '그냥' 하는 일을 '잘' 해내는 수준까지 올리자는 이야기가 마음에 와닿았습니다. 미래의 저는 맡은 일을 편하게, 그러면서도 자연스레 전문가 수준으로 해냈으면 합니다. 제 인생 목표 중 하나예요.

오늘은 비슷하면서도 살짝 다른 이야기를 해 보려고 합니다. 김연아 선수의 인터뷰 얘기를 했는데, 저 역시 한 예능에서 이 내용을 접했습니다.

"무슨 생각 하면서 (스트레칭을) 하세요?"

"무슨 생각을 해… 그냥 하는 거지."

여기서 말하는 '그냥 하는 거지'의 대표적인 인물이 김연아 선수 말고도 더 있지 않을까요? 야구계에서 말이에요. 누굴 말하는지 이미 눈치챘을 것 같네요.

  맞습니다. 바로 롯데 자이언츠 레전드 이대호 선수입니다! 저는 오늘 이대호 선수 이야기를 하고 싶습니다. 왜 이대호 선수 이야기를 하느냐고요? 답은 '이유 없음'입니다. 좋아하면 아무 명분 없이도 말할 수 있는 거잖아요.

  롯데 자이언츠의 레전드이자 조선의 4번 타자 이대호 선수. 그가 왜 전설이고, 나라를 대표하는 4번 타자가 되었는지를 성적으로 말해 보겠습니다.

> *KBO 유일한 타격 7관왕, 9경기 연속 홈런으로 세계 신기록 달성, 두 번의 **트리플 크라운** 달성*
> *대한민국 국가대표로서 타점 1위, OPS 1위, 홈런 2위*
> *일본 프로야구 진출 후 두 번의 **베스트 나인**과 타점왕 타이틀, 한국인 최초로 일본시리즈 MVP*
> *메이저리그 진출 후 두 자릿수 홈런 기록하여 한미일 리그에서 모두 활약한 최초의 한국인 타자*
> *22년 프로 생활 동안 2,895안타 달성*

  더 놀라운 건 은퇴 당시의 성적입니다.

경기	타수	안타	홈런	타점	타율	출루율	장타율	OPS	WAR	wRC+
142	540	179	23	101	0.331	0.379	0.502	0.881	3.63	146.2

그리고 **골든글러브** 수상.

고백하자면 제가 헤비한 팬이라서 이걸 다 알고 있는 게 아니라, 열심히 검색해서 찾은 내용입니다. 저 역시 WAR, wRC+ 등 야구 용어를 완벽히 이해하진 못합니다. 하지만 이것만큼은 확실히 압니다. 은퇴 시즌에 골든글러브를 받기란 정말 어려운 일이라는 것을요.

여담으로 2023년 8월 8일 새벽, 저는 잠들지 못했습니다. 갑자기 무슨 뜬금포냐고요? 월요일에 방영된 야구 예능 때문입니다. 그날 이대호 선수는 홈런을 4개 쳤습니다. 그냥 홈런이 아니라, 네 번 연속 홈런입니다. 한 경기 네 번 연속 홈런은 KBO 역사상 단 2명뿐인 기록입니다. 와, 예능에서 세운 기록이지만 소름이 돋았습니다. 현역 시절의 이대호 선수를 보는 듯한 기분에 흥분이 좀처럼 가라앉지 않았고, 결국 밤잠을 설쳤습니다.

현역 때부터 지금까지 최고의 기량을 보여 주는 이대호 선수. 그는 자신의 책 《이대호, 도전은 끝나지 않았다》에서 기본기가 그 무엇보다 중요하다고 강조합니다. 어떠한 경우에도 흔들리지 않게 하는 건 바로 기본기라고요. 더 나아가 '한번 해 보자', '할 수 있다'는 마음가짐에 대해서도 이야기합니다.

'한번 해 보자', '할 수 있다' 이거 어디서 많이 들어 본 말 아닌가요? 제리 로이스터 감독 시절의 롯데 자이언츠 슬로건 'No Fear'가 떠오릅니다. 이대호 선수를 비롯하여 황재균, 강민호, 손아섭, 김주찬, 전준우 선수 등 어떻게든 해내고자 하는 마음으로 가득 찬 롯데만의 야구를 보여 주던 그 시절이 'No Fear'와 함께 새록새록 떠오릅니다. 그때의 자이언츠는 말 그대로 일단 부딪히고 보는 팀이었죠. 두려워하지 않고 싸워서 어떻게든 이기려고 하던 그 시절의 롯데가 너무나도 그립습니다. 그때만큼 야구가 재미있던 때가 있었을까요?

여기까지 쓰다 보니 깨달았습니다. '해낼 수 있다, 할 수 있다, 두려워 말라!' 이 마음가짐이 제게서 사라졌다는 것을요. 전문가가 되기 위한 과정에는 많은 어려움이 있는데, 힘든 일을 마주할 때마다 '괜찮아'라고 외치며 잘 버틴다고 여겼지만 어느 순간부터 괜찮은 게 아니었던 겁니다. 시간이 지나며 실력만이 아니라 두려움마저 꽤 축적된 듯합니다. 'No Fear' 정신을 보며 자랐던 제가 어느 순간 'Fear'로 가득 찬 사람이 되었던 겁니다. 부끄럽습니다. 하지만 진짜 부끄러운 건 알아도 바꾸고자 노력하지 않는 것이겠죠. 이번 기회에 조금씩 달라져 보겠습니다. 'No Fear' 정신과 자신감, 당당함을 꾸준히 적립해 보겠습니다.

다시 이대호 선수 이야기로 돌아와서, 제가 가장 좋아하는 이대호 선수, 그를 직접 마주했던 순간이 있습니다. 이대호 선수가 은퇴하던 시즌에 사직 야구장에 의료지원을 세 번 정도 갔습니다. 가까이서 보니 조금 무섭더군요. 한동희 선수보다 머리 하나쯤 더 있는 커다란 몸집에, 거기서 뿜어져 나오는 엄청난 아우라에, 솔직히 조금 겁먹었습니다. 그렇지만 팬을 향한 마음은 겉모습과 다르더군요. 사인 요청을 드리니 환한 미소로 응해 주었습니다.

드리 님이 가장 좋아하는 야구선수는 누구인가요?

개막이 얼마 남지 않았습니다. 이 글을 통해 작년 지각에 대한 변명 아닌 변명을 하자면, 업무를 마치고 퇴근하려는데 상사의 연락을 받았습니다. 꽤 중요한 이야기였는데 거기다가 "저 퇴근해야 하는데요?"라고 차마 할 수가 없었습니다. 올해는 무조건 늦지 않겠습니다!

from. 주니

야구 토막 상식

트리플 크라운
한 시즌 동안 주요 3개 부문에서 타이틀을 차지하는 것. 투수의 경우 다승, 평균 자책, 탈삼진이 해당하고, 타자의 경우에는 타율, 홈런, 타점이 해당함

OPS
타자의 출루율과 장타율을 더한 값. 한번 때리면 멀리 보내고, 아웃 없이 베이스에 나가는 확률이 높았다는 것을 의미함

베스트 나인
일본 프로야구의 상 중 하나. 시즌 동안 좋은 성적을 남긴 투수, 포수, 1루수, 2루수, 3루수, 유격수, 외야수 3명 등 포지션별로 1명씩 기자단 투표에 의해서 총 9명을 선정함

WAR
대체 수준 대비 승리 기여도를 말함. 선수가 팀 승리에 공헌한 정도를 나타내며, 수치가 높을수록 이 선수를 대체할 선수가 없음을 의미함

wRC+
조정 득점 창출력을 말함. 타격만을 반영하는 지수로, 높을수록 잘 치는 것을 의미함

골든글러브
한 시즌 동안 포지션별로 가장 우수한 선수에게 주는 상

Dri	▲	**뻔뻔한 사람에 대해**
Joonie	**7**	**어떻게 생각해요?**

B ●●●
S ●●
O ●●

어디서든 당당하고 싶기도 하고요

이미 느꼈을 수도 있는데, 저는 다소 뻔뻔한 면이 있습니다. 누군가 스무 살 때에 비해 가장 달라진 점이 뭐냐고 묻는다면, "그때보다 뻔뻔해진 것 같지?"라고 대답할 겁니다. 저는 뻔뻔함이라고 표현했지만, 다르게 말하면 당당함입니다.

'너 오늘 되게 괜찮다', '진짜 잘한다', '피부가 정말 좋네'와 같은 칭찬을 들으면 "하하, 감사합니다."라고 웃으며 받습니다. 삶에서 매우 중요한 부분입니다. 다른 사람의 장점을 짚어서 세워 주는 것만큼 나를 향한 칭찬을 받아들이는 일 말이죠. 게다가 그것이 진짜 저의 장점이라면 더더욱 잘 받아들여야 한다고 생각합니다.

대부분의 스포츠, 특히 야구는 다양한 세리머니가 존재합니다. 투수는 타자의 헛스윙을 이끌어 내어 삼진을 만들거나 상대방을 아웃시키며 위기를 벗어날 때 포효합니다. 타자의 경우는 득점 기회를 만들거나 득점하는 경우 세리머니를 합니다. 가장 짜릿한 때를 꼽으라면 전세를 뒤집는 홈런이 아닐까 싶습니다. 메이저리그에서는 보기 어렵지만, KBO에서는 쉽게 볼 수 있는 빠던(배트 던지기)은 유명한 세리머니 중 하나죠.

그렇게 시원한 스윙으로 공을 쳐 본 경험이 없어서 잘 모르겠지만, 선수들의 말을 빌리면 '걸렸다'는 느낌과 함께 공이 담장을 넘어감(홈런)을 직감한다고 하죠. 그리고 이어지는 빠던. 자이언츠에는 이를 잘하는 대표적인 타자들이 있는데, 저의 최애 빠던 타자는 캡틴 전준우 선수입니다. 전준우 선수를 월드 스타로 만들어 준 유명한 빠던 장면이 있습니다. 알다시피 홈런이 아니라 아웃이었거든요.

물론 이건 전준우 선수를 좋아하는 이유 중 극히 일부입니다. 넓은 어깨와 뭐든 해낼 것 같은 강인함, 든든함, 믿음 등이 그에게 끌리는 이유겠죠. 그런데 왠지 전준우 선수를 보면 적당한 뻔뻔함도 가지고 있는 것 같습니다. 결과가 좋지 않아도 크게 표정을 구기지 않고, '다음엔 친다'라는 느낌을 주거든요. (빠던을 하는 모습도 얼마나 당당합니까?) 다시 도전하고 결국 해내는 모습이 매력적입니다.

원클럽맨으로 자이언츠에 남아 준 것도 고마운 부분이고요. 매년 시즌이 시작하고 야구장을 찾을 때면 나도 모르게 울컥하는 느낌이 듭니다. 야구장을 들어설 때 머리칼을 스쳐 지나가는 바람, 크게 울려 퍼지는 응원가, 널따란 그라운드, 꽉 찬 좌석을 보며 그리운 곳에 다시 왔다는 생각이 듭니다. 이곳에 남아 준 선수에게 어찌 고마운 마음이 안 생기겠습니까.

끝으로 전해야 할 비보가 있는데요. 올해는 개막전을 볼 수 없게 되었습니다. 멀리 떠나는 여행 일정에 개막전이 포함된 것입니다. 야구라는 취미가 삶의 큰 버팀목이자 동력원인 사람으로서 꽤나 큰 결정입니다. 지난 시즌 막바지에 산 새로운 유니폼도 얼른 입고 싶은데 말이지요. 훌쩍 떠나고 싶어졌는데 (회사 사이클을 보니) 이때가 아니면 떠날 수 없겠더라고요. 아, 주니 님의 MBTI는 무엇인가요? 문득 궁금해집니다. 수다의 끝은 없으니 오늘은 여기서 글을 멈추겠습니다.

from. 드리

| Dri | **8** | **평소엔 *J*지만** |
| Joonie | ▼ | **야구장에서는 *P*입니다만** |

B ●●●
S ●●
O ●●

야구가 매번 계획대로 흘러가면
얼마나 좋을까요?

저 역시 쏟아 내고 싶은 이야기 늘 넘칩니다. 그래서 글을 쓸 때는 어떤 방향으로 쓸지 틀을 잡습니다. 그 틀에 맞춰 쓰고 싶은 걸 모조리 다 써 내려간 후 하나하나 지워 나갑니다.

드리 님 정도의 눈치라면 '틀을 잡는다'는 부분에서 감이 왔으리라 생각하는데요. 저는 사전에 계획 잡는 걸 무척이나 좋아하는 스타일입니다. 일단 MBTI에 대해 하나는 맞혔겠네요. 그렇습니다. J입니다. 그것도 좀 과하게 J인 편입니다. 한 해에 무엇을 할지, 매달 어떤 일을 할지, 매주, 매일, 매시간의 계획까지 세우고 행동하는 편입니다.

그러나 날마다 J로 사는 건 아닙니다. 계획을 세우지 않는 날이 있으니 바로 '야구장 가는 날'입니다. 실제로 다이어리에 이

렇게만 써 놓습니다. '야구장 가는 날! 이기자!'

계획을 세우지 않아도 그날만큼은 너무 신납니다. 오늘은 어떤 응원 이벤트가 있을지, 날씨는 지금처럼 화창할지, 갑자기 비가 쏟아질지, 야구장을 찾은 친구, 연인, 가족, 아이들의 알콩달콩한 모습도 기대됩니다. 야구장에서의 모습은 날마다 다르니 분위기에 몸과 마음을 맡기면 그저 행복하더라고요. 야구장에 가는 날만큼은 계획적이어야 한다는 저만의 강박에서 벗어날 수 있게 됩니다.

생각해 보면 야구도 P의 성격이 매우 강합니다. 계획대로 된다면 롯데 자이언츠에게 승리가 계속되어야 하는데 그렇지 못했죠. 계획에서 완전히 벗어난 경기도 많습니다. 2022년 직관 경기 기록을 들추어 봅니다.

> 5/17(화) 기아와의 경기에서 9회초를 지키지 못하고 4:3 패배
> 5/28(토) 9회말 노아웃 만루에서 득점 실패, 10회초 이정후 선수에게 3점 홈런을 맞아 키움에 6:3 패배
> 6/8(수) 기회가 왔을 때 돌부처 오승환 선수에게 막혀 삼성에 4:2 패배

이건 극히 일부입니다. 하지만 더 쓰다가는 쓰는 저도, 읽는 드리 님도 열불이 날 것 같아서 멈추겠습니다. 그런데 혹시 이런 생각을 하고 있진 않나요? '이런 것까지 일일이 기록으로 남겨 둔다고? 역시 J!' 뜨끔했나요? J는 이런 방식으로 야구를 즐기기도 합니다. 철저히 직관 분석하는 모습은 앞으로도 종종 보여 드릴 것 같습니다.

같이 개막전을 못 가는 건 좀 아쉽습니다. 하지만 개막전 말고도 함께할 수 있는 경기는 많으니까요. 저 역시 새로운 유니폼을 고민하는 중입니다. 빨간색 동백 유니폼이 너무 탐나는데 가격이 만만치 않아 계속 고민하고 있어요.

from. 주니

| Dri | ▲ | **저의 MBTI는 정상입니다** |
| Joonie | 9 | |

B ●●●
S ●●
O ●●

맹신론자는 아니지만,
왠지 아니라고 변명을 하는 중

안녕하세요, ESTJ 주니 님. 계획적인 편이라는 건 알고 있었지만 놀랍도록 계획적인 삶을 살고 있군요. 저에게는 어떠한 일이 닥쳐도 어려운 일입니다. 제 삶을 돌아보면 무계획적인 게 그리 불편하진 않았습니다. 북극성을 보고 항해하는 선원 같은 마음으로 사는 거죠. 오늘 하루 조금 다른 방향으로 갔다고 해도 다음 날 방향을 수정해서 나아가면 되니까요. 하루하루가 임기응변과 순간 판단력을 기르는 시간이었습니다. 오늘의 즉흥적인 결정이 잘못되더라도 내일의 내가 바로잡아 줄 거라는 믿음. 다소 일방적이지만 꽤 끈끈한 관계입니다. 이런 저의 신조는 '꿈은 크고 막연하게. 단, 이를 위해 오늘 하루에 최선을!'입니다.

저 같은 P도 계획을 세워야 할 때가 있습니다. 야구 개막이 얼마 남지 않은 시점에는 그 시즌의 경기 일정을 알 수 있는데, 그때 야구장에 갈 날을 미리 표시하는 거죠. 일단 표시해 놓으면 당일이라도 마음 맞는 사람과 야구장으로 갈 수 있거든요. 즉흥을 감당하기 위한 계획이랄까요. 올해 역시 달력에 일정을 정리해 놓았습니다.

아쉽게도 개막 시점에 저는 외국에 있을 예정입니다. 오랫동안 지켜 온 루틴을 깨는 느낌이네요. 하지만 새 술은 새 잔에 받아야 하는 법, 새로운 루틴을 만들 때가 되었습니다. 모든 스포츠가 그러하듯 야구선수에게도 각자의 루틴이 있다고 합니다. 인기 야구 예능만 보더라도 승리한 날과 같은 패턴으로 하루를 준비하는 김성근 감독과 선수들의 모습을 볼 수 있죠.

야구에서는 계획적으로 할 수 있는 일이 일정을 메모해 두는 것 말고는 딱히 없습니다. 그 외에는 모든 게 즉흥적인 편입니다. 간다는 목표만 있으면 되는 거니까요. 일단 가기만 한다면 무엇을 먹거나 마실지는 가서 정해도 되는 소소한 문제입니다.

전 국민이 MBTI에 열광했습니다. MBTI 맹신론자를 보면 고개를 절레절레하던 저입니다. 네, 그런 사람이었는데요. 지금은 꽤 믿는 편입니다. 사실 본인이 체크해서 나온 결괏값이니, 과학이라기에도 무조건 믿기에도 애매하죠. 실제 본인의 모습이 아닌 본인이 되고 싶은 성향으로 체크하는 사람도 있다고 하고요. 그럼에도 불구하고 어느 정도 상대방을 파악하는 데 도움이 되어서 처음 만나면 MBTI를 물어보곤 하더라고요.

  회사에서 많은 동료와 일하며 알게 된 사실이 있습니다. 그중 확증편향에 가까울 정도로 믿는 건 제가 STJ 성향의 사람과 애증의 관계에 있다는 것입니다. 우선 부럽습니다. 일을 놓치지 않고 깔끔하게 잘하는 사람들 중 STJ가 많더라고요. 한편으로는 저와 잘 맞지 않는 경우도 여러 번 겪어 봤습니다. 아마 대화의 핀트가 서로 달랐을 수도 있겠다는 생각이 듭니다. 게다가 저는 회사에서 막내입니다. 모든 STJ가 저보다 선배였으니, 이미 기울어진 운동장에서 대화했기 때문일 수도 있겠네요. 선입견이기도 합니다. 하지만 일적으로 만난 관계에서 그렇게 느꼈고, 사적인 영역에서는 MBTI를 그저 상대를 이해하는 참고 자료로 활용할 뿐입니다.

  어쩐지 그동안 각 경기가 어땠고, 어떤 장면이 있었는지 주니 님의 세세한 묘사가 신기하다고 생각했단 말이죠. 드디어 이유를 찾았네요. 저는 오히려 객관적인 데이터보다는 느낌으로만 저장하는 편입니다. 거기에 더하면 셀카 정도고요. 그래서 야구장은 저에게 무언가를 남기기보단 순간을 즐기는 곳이 되었습니다. 물론 롯데의 성적을 보면 매번 즐기지는 못했던 것 같지만, 귀한 만큼 승리의 달콤함도 컸나 봅니다. MBTI로 이야기를 계속하는 걸 보니 활용이 아니라 맹신하게 된 건 아닌가 싶네요.

from. 드리

Dri	**10**	***사직 야구장에***
Joonie	▼	***의료지원 간다고?***

B ● ● ●
S ● ●　　인생은 계획대로 되지 않기에
O ● ●　　즐거운 게 아닐까?

　　　　　　'꿈은 크고 막연하게. 단, 이를 위해 오늘 하루에 최선을!'이라는 문장이 마음에 와닿았습니다. 처음에 생각한 바와 다르더라도 조금씩 수정하며 최선의 결과를 위해 노력하는 것. 그게 제가 지금 살아가는 모습이기에 더 깊이 다가온 것 같습니다. 어릴 때는 계획에 집착했지만 이제는 그러지 않으려 합니다. 생각했던 바와 달라지면 어떻습니까? 원하는 방향으로 나아가는 게 중요하죠.

　ESTJ라고 매우 체계적인 건 아닙니다. 나이가 들면서 변하기도 했지만 야구 덕분에도 많이 바뀌었습니다. 야구는 매번 경기 시간이 다르고, 경기 내용도 다르고, 어떤 때는 갑자기 우천 취소가 되기도 하니 변동성을 익히기엔 야구 관람만 한 게 없지 싶습니다. 덕분에 파워 J가 P의 마음을 조금은 이해할 수 있게 되었죠. 무계획, 변동성, 변화, 예기치 못한 일, 제가 가장 싫어하던 겁니다. 하지만 이젠 아닙니다. 여기서 비롯되는 새로운 일들이 제 인생을 조금 더 즐겁게 바꿔 주기도 한다는 걸 몸소 체험하고 있기 때문입니다.

"야구 의료지원 나갈 분 계신가요?"
"야구요? 제가 갑니다. 무조건 갑니다!"
정말 몰랐습니다. 근무하게 된 이곳에서 야구 의료지원을 나갈 줄이야! 지원 의사를 묻는 질문의 물음표가 귀에 닿기도 전에 바로 손을 들었습니다. 늘 생각이 많고 신중한 저로서는 말도 안 되는 반응 속도였어요. 야구라고 하면 눈이 돌아가는 저에게 의료지원은 일이 아니었던 겁니다. 덕질을 제대로 할 기회 중에 기회인데, 이걸 마다할 리가 있겠습니까.

롯데 자이언츠의 요청으로 경기 2시간 전부터 야구장에 머물렀습니다. 매일 지나가면서 보기만 했던 사직 야구장의 중앙 게이트. 선수와 관계자만 이용하는 그곳으로 들어갈 때 '와! 내가 여기로 간다고?' 가슴이 두근두근했습니다.

일찍 도착하니 야구장에 아무도 없더라고요. 그래서 밖으로 나갔습니다. 관중석에 앉아 바라보기만 했던 그라운드를 직접 밟아 볼 거라고는 생각하지 못했는데 그걸 이루었습니다.

늘 에너지 넘치는 조지훈 응원단장님과 사진을 찍었습니다. 조심스럽게 "저, 사진 한 장 가능할까요?" 하는 부탁에 망설임 없이 응해 주었고, 순간 반할 뻔했습니다.

선수들이 이용하는 구단 식당도 이용할 수 있었습니다. 저녁 메뉴는 콩국수. 이곳은 콩국수 맛집이 확실합니다. 틀림없습니다. 이 맛을 널리 알리고 싶은데 그럴 수 없다는 게 아쉬울 따름입니다.

그런데 제가 간과한 게 있습니다. 제가 간 건 야구 의료지원입니다. '야구'라는 말에 눈이 뒤집혀 지원한 건 부인할 수 없는 사실이지만, 제가 해야 하는 일 '의료지원'이 할 일이 꽤 많더라고요. 생각보다 많은 이들이 의무실을 방문했고, 드레싱부터 병원 이송까지 하다 보니 경기를 관람하기 어려웠습니다. 그러다 일이 끊기면 의무실에서 나름 치열하게 응원했습니다. 타자가 순서를 기다리며 배트를 휘두를 때마다 저도 신나게 손을 흔들었습니다. 제가 그렇게 열광적으로 손을 흔든 건 의무실 창문에 선팅이 되어 있으리라 믿었기 때문이에요. 그런데 갑자기 DJ 피터스(전 롯데 자이언츠 타자) 선수가 저를 보고 씩 웃어 주는 게 아니겠어요? 그 순간 깨달았습니다. '아, 밖에서 안쪽이 보이는구나…' 부끄럽긴 했지만 피터스 선수의 미소를 봤으니 그게 또 어딘가요?

그뿐만이 아닙니다. 구단 식당에서 밥을 먹다가 "안녕하세요!" 하고 먼저 인사를 건네 준 선수가 있습니다. 그분은 바로 롯데 자이언츠 마무리 투수, 김원중 선수였습니다. 흔쾌히 사진도 찍어 준 김원중 선수를 잊지 못할 것 같습니다.

사직 야구장 곳곳에서 경기를 관람했지만, 의무실에서 본 건 처음이었습니다. 이걸 어떻게 말해야 제대로 표현할 수 있을까요? 확실한 건 그 어떤 자리와도 비교할 수 없다는 거, 야구팬에게는 최고의 자리였다는 것입니다. 볼, 스트라이크까지 목격할 수 있었다고나 할까요. 동시에 선수들의 치열함도 생생히 느껴졌습니다. 달리고, 슬라이딩하고, 온몸을 던져 경기하는 모습을 보니 저 역시 열정이 불타올랐습니다. 한편으로는 걱정도 되었습니다. 그날도 슬라이딩을 하다 다칠 뻔한 선수가 있었습니다. 경기에 열정과 진심을 다하는 자세는 응원합니다. 그러나 다치지 않고 야구장에서 길게 보았으면 좋겠습니다. 오래오래 말이죠.

계획에 없던, 예상하지 못한 야구 의료지원을 경험하며 저에게는 새로운 꿈이 생겼습니다. 롯데 자이언츠 팀 닥터! 따로 전담 의사를 두지는 않는다고 알고 있지만, 지금 그렇다고 해서 앞으로도 계속 그러리란 법은 없지 않습니까. 그래서 야구와 관련된 스포츠의학에 관심을 가지게 되었습니다. 진정한 덕업일치가 이루어지는 그날이 오기를 바라며, 팀 닥터를 향해 달려 보려 합니다.

from. 주니

〈메디칼타임즈〉 '젊은의사칼럼'(2023.04.10)에 실린 내용을 재작성한 글입니다.

Dri	▲	**혹시**
Joonie	**11**	**다른 취미가 있나요?**

늦어서 미안합니다.
그런데 다른 취미는 없나요?

답장이 많이 늦어진 점 미안합니다. 저는 남미 여행을 준비하면서 조금 골골대고 있습니다. 황열병 주사를 맞은 후 상태가 좋지 않았거든요. 사실 예방접종을 하기 전에 과로로 컨디션이 별로였는데, 볼리비아 비자를 받기 위한 필수 조건이라 하여 어쩔 수 없이 강행했습니다. 대한민국이 비자 파워가 세기로 유명한 거 알죠? 그런데 남미의 여러 나라 중 볼리비아는 무려 비자가 필요한 나라더라고요.

두 번째 변명은 회식입니다. 대개 예방접종이 그러하듯 황열병 주사도 하루이틀은 안정을 취해야 합니다. 그런데 회사에서 가까운 선배의 진급이 있었고, 소수만 함께하는 진급 파티에 제가 초대되었다지 뭡니까. 개인적으로는 즐겁고 귀한 시간이었지만, 컨디션 관리는 실패하고 말았습니다.

마지막 이유는 새로운 취미 때문입니다. 최근 기타를 독학하기 시작했습니다. 하루에 서너 시간씩 기타를 쳤으니 완전히 빠져 살았던 거죠. 뭐든 이 정도 시간을 투자하면 실력이 안 늘 수가 없겠다 싶을 만큼 정진했습니다. 이런 까닭에 일주일이나 늦게 답장하고 말았네요. 미안합니다.

지난 편지에서는 그 어느 때보다 북받치는 흥분이 느껴졌습니다. 의료지원은 저로서는 발 디딜 수 없는 목표이기 때문에 부러움 가득한 마음으로 읽었습니다.

저는 기계공학을 전공했습니다. 다만 주특기를 살려 취직할 거라고 생각하지 않은 시간이 꽤 길었죠. 하고 싶은 일을 해 보겠다는 의지가 넘치는 20대를 보냈거든요. 취직을 결심하고는 여러 회사의 문을 두드렸습니다. 그중 당연히 롯데 자이언츠도 있었죠. 다른 지역으로 이동하지 않아도 된다는 큰 장점과 함께 좋아하는 것을 업으로 삼을 수도 있겠다는 생각이 겹쳤습니다. 그런데 좋겠다는 생각만 들지는 않았어요. 한편으로는 두렵기도 했어요. 만약 롯데 자이언츠에서 (지금과 같은) 경영지원 직무로 일한다고 가정해 보면, 마냥 팬의 마음으로 선수를 대하지 못할 수도 있겠다는 걱정이었습니다. 결국 지원서도 내지 않고 포기하고 말았지만요.

이번에 선임된 단장이 예전부터 자이언츠에 대한 애정이 엄청난 분이라는 건 익히 들어 알고 있습니다. 우리가 올해를 기대하는 이유 중 하나도 선수에 대한 전폭적인 지원 때문이라고 할 수 있겠습니다. 좋아하는 일을 잘하게 되어 단장이 되었다니 얼마나 대단한 일인가요. 그래서 사랑하는 분야에서 직무를 찾아가며 팀 닥터를 꿈꾸는 주니 님이 멋있고, 부럽습니다.

일에 대해 방향성을 잡은 주니 님, 평소 무엇을 하며 시간을 보내나요? 저와 편지를 주고받는 것 외에도 꾸준히 글을 쓰는 걸로 기억합니다. 야구라는 주제로 계속해서 글을 쓸 수 있다는 게 놀랍습니다. 잡다한 주제로 글을 쓰고, 지속하는 힘이 약해 매번 새로운 취미를 기웃거리는 사람으로서 부러울 따름입니다. 야구와 글쓰기 말고 또 다른 취미가 있는지도 궁금하네요.

다시 변명의 시간입니다. 하지만 제가 어디서 이런 고충을 토로하겠습니까. 기타는 잘 안되는 부분을 반복해서 연습하면 성공을 맞이하는 순간이 옵니다. 그 시간이 쌓여 실력이 되고요. 이런 과정이 쉽게 체감됩니다. 그런데 글쓰기는 도무지 성장하는 게 눈에 보이지 않으니 거대한 허들 같습니다. 그리고 한자리에 앉아 있는 것도 고역일 때가 있습니다. 더 이상 써지지 않는데 그걸 붙잡고 있는 게 얼마나 힘든 일인지 알 거예요. 그때 막혀 있던 문장이 뻥 뚫리며 술술 써 내려가면 한 단계 성장한 느낌이 들 수도 있겠죠. 아직 경험하지 못했지만요.

롯데 선수단에도 멋진 취미를 가진 선수들이 많습니다. 야구 외에도 등산이나 독서를 즐기거나 노래 실력이 수준급인 선수들 말입니다. 유튜브 'Giants TV'를 통해 선수들의 취미를 알 수 있는데, 한 분야에서 대한민국 상위 1%에 드는 선수들이 다른 분야에서도 두각을 나타내는 걸 보면 놀랍습니다. 한편으로는 취미로 스트레스를 푼 덕분에 최고의 자리를 유지할 수 있는 게 아닐까 생각합니다. (이 성적이 최고의 자리냐는 서운한 이야기는 잠시 넣어 두어요.)

제 커리어 중 3년은 '채용'으로 채워져 있습니다. 그래서 신입 사원들과 만나는 자리도 종종 생기는데요. 그때마다 시간을 할애하여 '취미'를 만들라는 말을 강조합니다. 다양한 활동으로 스트레스를 해소하는 게 회사 생활에도 아주 중요하거든요. 제가 아는 분은 스트레스의 종류와 원인에 따라 다른 활동을 하더라고요. 회사 사람 때문에 받은 스트레스는 헬스와 같이 순간적으로 힘을 내는 운동을 하고, 자기 자신에 대한 스트레스는 드라이브나 조깅을 하며 생각을 비우고 천천히 나를 돌아보는 시간을 가진다고 합니다. 연인 때문이면 영화를 보고, 친구 때문이면 노래를 부르거나 악기를 연주하고요. 이처럼 스스로 처방하는 정도까지는 아니더라도 다양한 취미는 중요합니다. 생각해 보면 저 역시 최근 생긴 스트레스에서 벗어나기 위해 기타에 빠진 것 같습니다.

지금은 멕시코의 수도인 멕시코시티에서 페루의 수도인 리마로 넘어가기 위해 공항에 있습니다. 이번 여행이 제 마음에 자리한 문제들을 치유하는 시간이 되었으면 합니다. 재미난 이야기들도 많이 쌓을 생각이고요. 승무원의 잘못된 정보로 길을 헤맨 이야기, 멕시코시티에서 노숙한 이야기, 노숙하며 만난 새 친구 이야기, 여행을 시작한 지 72시간째 아직 누워서 자지 못한 이야기, 벌써 소소한 이야깃거리가 모이고 있습니다. 잔뜩 모아서 돌아갈게요.

from. 드리

Dri	**12**	**취미를
Joonie	▼	공개합니다**

B ●●●
S ●●●
O ●●

그런데 이마저 헤비합니다

　　　　　　지금쯤 어디를 여행하고 있을까, 특유의 친근함으로 그 지역 사람들과 어울리며 맥주 한잔을 하고 있지 않을까 상상해 봅니다. 부디 여행 중에 아프지 않기를 바랍니다.

　새로운 취미의 탄생을 축하합니다. 글쓰기의 막막함은 공감합니다. 그런데 기타를 즐기다 보면 자연스레 글감이 생기지 않을까요? 언젠가는 재미있는 음악 이야기를 쓰지 않을까 믿으며 새 취미를 온전히 즐겼으면 합니다.

　저의 또 다른 취미는 운동입니다. 정확히는 헬스죠. 사실 저는 운동을 싫어했습니다. 싫어하는 과목 중 하나도 체육이었고요. 20대가 되어서도 다이어트가 아니면 운동과는 거리를 두고 살아왔습니다. 2017년 바다 마라톤 10km 참가도 간신히 결심했습니다. 맨정신 아닌, 술기운에 말입니다.

"마, 한번 해 보자!"

"하, 진짜 싫은데… 알았다. 이번만이다!"

겨우 하겠다고 했지만 진짜 하기 싫었습니다. 그래서 속으로 빌었죠. '비가 쏟아지게 해 주세요.' 놀랍게도 꿈은 이루어졌습니다. 2017년 10월 15일 대회 당일, 폭우가 내렸습니다. 그런데 더 놀라운 것은 그 날씨에도 마라톤은 진행되었고, 저는 비바람을 맞으며 달려야 했습니다. 추위로 온몸이 덜덜 떨렸습니다. 마라톤이고 뭐고 일단 살아남아야 했어요. 열을 내기 위해서 뛰었습니다. 생존 본능 덕분에 완주할 수 있었고, 그 이후 헬스장에서 러닝머신에 올라가는 게 루틴이 되었습니다.

러닝머신 다음으로는 유산소 운동 기구 천국의 계단을 즐겼습니다. 처음에는 호기심에 올랐습니다. 왜 그렇게 소문이 자자한지 궁금했거든요. 그 궁금증이 풀리는 데는 10분도 걸리지 않았습니다. 허벅지 감각이 사라지고, 그러다가 영혼까지 사라지는 느낌이랄까요? 그때 확신했습니다. '이거다! 이거 꾸준히 하면 무조건 다이어트 성공한다!' 그날부터 하루에 한 번씩 천국의 계단에 올랐습니다. 계단을 오르며 계획에 없었던 일을 추가로 더 하게 되었는데요.

'그때 과자를 왜 먹었을까? 식단 조절 하겠습니다.'

'술 좀 적당히 마실걸! 당분간 치맥 끊겠습니다.'

무교인 제가 매일매일 천국의 계단에서 고해성사를 하고 있던 것입니다. 처음에는 10분도 못 버텼는데, 몇 개월 뒤에는 한 번 탈 때 1,000kcal씩 소모했고, 결과는 15kg 체중 감량으로 나타났습니다!

참고로 이렇게 할 수 있었던 건 롯데 자이언츠 덕분입니다. 천국의 계단 위에서 롯데의 패배를 목격할 때마다, 솟구쳐 오르는 분노를 다스리고자 계단에서 쉬이 내려올 수 없었습니다. 러닝머신을 멈출 수 없었던 것도 생각해 보면 롯데 덕분이네요.

지난 편지를 받고 덕업일치에 대해 생각해 봤습니다. 모두가 덕업일치의 삶을 살 수는 없고, 그렇게 되더라도 무조건 행복할 수는 없을 겁니다. 야구 역시 마찬가지겠지요. 야구를 행복하게 시작했던 이들도 야구로 돈을 버는 프로의 세계에서는 마냥 행복하진 못할 겁니다. 야구를 야구로만 즐기는 게 오히려 행복할지도 모릅니다. 저에게 의료지원이 즐거웠던 건 분명하지만, 그 역시 짧은 경험이었기에 행복한 기억으로 남은 걸지도 모릅니다. 덕업일치로 평생을 행복하게 살아가는 사람이 있다면, 그 사람이야말로 부러운 인생입니다.

from. 주니

2장

올해도 똑같다.
꼴찌나 안 하면 다행이지

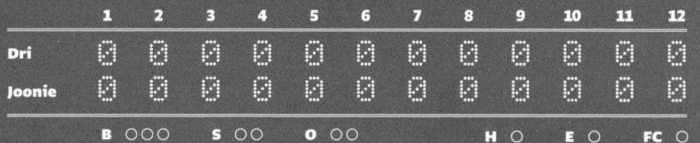

	1	2	3	4	5	6	7	8	9	10	11	12
Dri	0	0	0	0	0	0	0	0	0	0	0	0
Joonie	0	0	0	0	0	0	0	0	0	0	0	0

B ○○○   S ○○   O ○○   H ○   E ○   FC ○

직장인의 2주간 배낭여행

다행히 잘리지 않았습니다

       LA에서 인천으로 향하는 비행기 안에서 (편지를 쓰려고) 노트북을 켰습니다. 비행기에서 업무를 보는 비즈니스맨에 대한 로망이 있었는데, 그런 척을 할 수 있는 기회가 와서 반가웠습니다. 새로운 공간에서 글을 쓰는 건 꽤 설레는 일이네요. 칠레에서 칠레산 와인을 한잔했더니 더욱 흥이 오르기도 하고요.

혼자 하는 해외여행은 정말 오랜만입니다. 입사 후에는 기회가 거의 없었거든요. 보통 하루이틀 연차를 사용하고 국내여행을 다녀왔습니다. 이번에 2주의 시간을 낼 수 있었던 건 인복 덕분이에요. 자리를 비우는 동안 업무를 지원해 주겠다며 다녀오라고 격려해 준 선배들 덕분에 떠날 수 있었습니다.

남미에서 다양한 사건이 있었는데요. 그중 두 가지 정도만 이야기를 풀어 보려 합니다. 제 여정은 결과적으로 멕시코(멕시코시티) - 페루(리마, 쿠스코, 마추픽추) - 칠레(칼라마, 산 페드로 데 아타카마) - 볼리비아(우유니, 라파즈) - 칠레(산티아고) 순이었습니다. '결과적'이라고 말한 이유는 중간에 급히 여정을 바꾸었기 때문이에요.

원래는 페루 마추픽추에서 바로 볼리비아로 이동하는 일정이었습니다. 한국인들에게 유명한 우유니 소금 사막이 있는 나라지요. 또한 비자와 예방접종도 필요한 곳입니다. 방문하기 위해 준비할 게 가장 많은 곳이었습니다. 그런 볼리비아에 국가 내 이동 통제령이 내려진 거예요. 아는 사람은 다 알고 있었다고 하는데, 저는 통제령이 내려오기 이틀 전에 그 소식을 처음 들었습니다.

이번 남미 여행은 무려 16일짜리 휴가입니다. 비행기에서 보내는 4일을 제외한 12일을 알차게 써야 하는 상황인 거죠. 소중한 하루를 허무하게 날려 버릴 수는 없었습니다. 칠레에서 밤하늘이 가장 잘 보인다는 산 페드로 데 아타카마로 빠르게 행선지를 바꾸었습니다. 그런데 아타카마로 가는 길에 비행기가 연착되어 환승할 비행기를 놓치고, 도착해서는 갑자기 하늘을 뒤덮은 구름 때문에 보름달 투어가 취소되었습니다.

그래도 지나고 보니 마냥 아쉽지만은 않습니다. 놓친 항공편 대신 탑승한 비행기에서는 좌석이 업그레이드되었고, 보름달 투어가 취소된 덕분에 숙소에서 칠레 와인에 떡볶이와 볶음밥을 곁들인 완벽한 밤을 보냈거든요.

남미 여행자들이 종종 겪는 고산병 이야기도 빼놓을 수 없겠습니다. 저는 아주 심한 편은 아니었지만, 첫날 열과 체기로 12시간을 누워 있어야 했습니다. 이를 겪고 얻은 깨달음이 있는데요. 고산 지대에서 친선전을 하는 국가대표 운동선수에게 관대해져야 한다는 겁니다. 숨이 차다며 중간중간 걸음을 멈추는 어르신들을 마음에 여유를 가지고 기다려 드려야 하고요. 산소가 부족한 환경이 그토록 가혹하다는 걸 난생처음 경험했습니다. 이 밖에도 신기하고 재미있는 경험이 꽤 많습니다. 주니 님에게는 따로 엑기스 위주로 전하도록 할게요.

지금 한국에는 벚꽃이 흐드러지게 피어나는 중이라고 들었습니다. 그리고 우리의 자이언츠는 봄데라는 별명과는 다르게 연패 행진 중이라는 소식 또한 들었고요. 연패가 너무 쌓이면 추후 순위 싸움이 힘들 테니 1승은 챙겨 두었다지요? 사실 여행에 영향을 받지 않으려고 일부러 경기 결과를 찾아보지 않았습니다. 아쉽게도 유유상종인 친구들이 매일같이 들려줘서 알게 되었지만요. 제가 귀국하고 열리는 일요일 경기는 좀 다르게 풀리지 않을까 기대해 봅니다. 손바닥만 한 공으로 하는 '그깟' 공놀이에 이토록 마음을 졸이게 되네요.

결국 실패는 내가 정의하는 순간 실패라는 말, 끝까지 가면 다 할 수 있다는 말, 참 좋아하는 문구입니다. 이번 여행만 되돌아봐도 기억에 남는 경험 대부분은 실(失)이라고 여겼던 일입니다. 하지만 이로 인한 특별한 경험이 결국 득(得)이 되는 추억이 되겠지요. 우리 자이언츠 선수들은 다소 절망적이고, 아주 절박한 마음으로 올해를 시작했을 것 같습니다. 회사에서의 공통 호칭이 프로인 저도 부담을 느끼는데, 성적에 따라 가치가 달라지는 프로 선수들은 마음가짐과 부담감이 완전 다르겠죠. 시작은 미약해 보이지만 (실패라고 정의하지 않고, 포기하지 않고) 다른 결과를 낼 거라는 믿음을 놓지 않으려 합니다. 이번 여행을 통해 인류애와 인내심이 가득 충전된 게 아닌가 싶네요. 진즉 아쉬운 소리를 뱉어야 할 타이밍에 이런 긍정적인 마음을 품는 걸 보면 말이에요.

어느덧 한국에 가까워 옵니다. 얼른 집에 들어가 따듯한 물로 목욕부터 하고 싶어요. 김치찌개도 먹고 싶고요. 조금이라도 더 생생할 때 기록을 남겨 두어야 할 텐데 그저 쉬고 싶은 마음입니다. 큰일이네요. 내일 바로 출근이거든요.

문득 든 생각인데, 시즌 중에 휴가를 내고 함께 야구장 투어나 여행을 가면 어떨까요?

from. 드리

| Dri | **2** | ***여행 이야기는*** |
| Joonie | ▼ | ***늘 설렙니다*** |

B ●●●
S ●●
O ●●

야구장 투어도 벌써 기대되고요

　　　　　LA에서 인천으로 향하는 비행기 안에서의 편지라니! 얼마나 설레는 글쓰기였을까요? 다음에 꼭 도전해 보겠습니다. 이번 편지의 또 다른 놀라운 포인트는 잘 모르고, 가 볼 생각도 하지 못한 나라만 언급된 거예요. 하지만 언젠가는 남미에 가 보고 싶어졌습니다. 팝콘이 생각날 정도로 흥미진진했거든요. 또 어떤 에피소드가 있을지 궁금합니다.

　여행 이야기를 들으니, 제 여행이 어떤지도 소개하고 싶습니다. 저의 여행 콘셉트는 '이래도 좋고 저래도 좋아'입니다.
　2022년 3월, 제주도로 여행을 떠났습니다. 고대하던 해물떡볶이를 영접했습니다. 바다의 깊고 진한 맛이 느껴지니 한층 고급 요리로 느껴지더라고요. 매운 걸 먹었으니 그다음은 뭐다? 달콤한 디저트를 눈으로 만나고 입으로 맛보았습니다. 우중충한 날씨 때문인지 몸이 무거운 듯하여 숙소로 돌아와 욕조에 뜨거운 물을 받고 몸을 담갔습니다. 노곤노곤해지자 냉장고에서 시원한 캔맥주를 꺼내 마십니다. "캬~!"

다음 날은 맑았습니다. 산책하기 좋은 날이네요. 바닷가 카페에서 커피 한잔과 함께 독서를 즐긴 후 해변을 따라 죽 걷습니다. 한참을 걷다 보니 슬슬 배가 고픕니다. 어라? 눈앞에 술집이 있네요. 뭐라도 팔겠죠. 일단 들어갑니다. 마침 먹고 싶던 새우회와 한라산 소주를 먹고 나와, 알딸딸한 상태로 아름다운 노을을 바라봅니다. "와~!"

이렇게 7박 8일 동안 무계획으로 놀았습니다. 일주일 동안 뇌가 파업했습니다. 그 어떤 계획도 없이 하루하루를 보낸 제주도 여행은 생각보다 좋았습니다.

1년 뒤, 이번에는 친구랑 여행을 떠났습니다. 똑같이 제주도로요. 하지만 여행 방식은 완전히 달랐습니다. 친구와의 여행은 MBTI로 표현하자면 J와 P의 완벽한 조합이었습니다. 어느 정도 계획적이면서도 언제든지 꽂히는 대로 움직일 수 있는 그런 여행이요.

"난 돼지고기는 반드시 먹어야 해."

"나는 사격은 꼭 하고 싶어."

"그럼 가고 싶은 곳, 하고 싶은 거 지도 앱에 다 표시하자. 표시해 놓고 그중에서 꼭 해야 할 일을 정하는 거야."

"여행 중간에 비는 일정 생기면 그때그때 지도에서 보고 넣는 걸로?"

"오케이!"

책《여행준비의 기술》에 이런 말이 나옵니다. '평소처럼, 평소와 달리' 원래 좋아하던 것을 '평소처럼' 하는 것도 중요하지만, 여행에서는 색다른 경험으로부터 더 많은 추억이 생기기에 '평소와 달리'도 필요하다는 말입니다. 저는 누구보다 이 말을 잘 실천합니다. 상당히 계획적으로 일상을 살아가는 편인데, 여행지에서는 정반대입니다. 오히려 무계획의 끝판왕이 되는 걸 선호해요.

생각해 보면 야구 직관을 자주 가는 것 역시 '평소처럼, 평소와 달리'를 가장 쉽게, 제대로 느낄 수 있기 때문입니다. 평소처럼 야구를 보되, 평소와 달리 선수들의 생동감 있는 모습을 직접 마주하고, 다양한 이벤트를 통해 현장감을 즐기고, 다 함께 하나가 되어 응원하면서 기쁨과 슬픔을 공유하니까요. 여기에 승리까지 더하면 금상첨화겠지만, 쉽지 않습니다. 놀랍게도 2024년 4월 1일 기준, 7전 1승 6패 중인 롯데 자이언츠입니다.

그나마 3월 29일 경기는 부모님과 함께 갔는데, 불효하지 말라는 의미인지 첫 승을 안겨 주었습니다. 다음 날은 패배했지만요.

'그깟' 공놀이라는 말에 공감하게 됩니다. 진짜… 이게 뭐라고…. 보고 있으면 갑갑합니다. 못하는 건 아닌데 뭔가 잘 풀리지 않는 기분이라 더 슬픕니다. 4월은 좀 달라질까요? 지금 너무 안 풀리고 있긴 하지만 아직 전체 경기의 10%도 진행되지 않은 시즌 초반입니다. 시작은 미약할지라도 올해는 분명 끝이 창대하리라 믿습니다. 믿음을 담아 올해는 더욱 자주 야구장에 가려고 합니다.

야구장 투어, 좋습니다. 지금까지 사직, 잠실, 고척 야구장 등을 갔고, 나머지 구장도 다 가 보고 싶은데, 함께한다면 더욱 좋겠네요. 야구장 투어를 소재로 삼아 편지도 좀 더 풍성해질 것 같고요.

from. 주니

Dri	▲	***야구를 계속 봐야 하나요?***
Joonie	**3**	***새로운 곳에 눈이 가는데***

B ●●●
S ●●
O ●●

고난과 역경이 오더라도

일요일 오후에 편지를 쓰고 있습니다. 오늘은 자이언츠의 연패(알다시피 5연패 중입니다)를 끊어야 한다는 막대한 사명감을 안고 고척 야구장을 찾은 날이었습니다. 연패를 끊고 승요(승리 요정)로서 편지를 남기고자 했지요. 결과는 석패였지만 말이에요.

이번 주는 고등학교 친구의 추천으로 배드민턴을 치러 갔습니다. 구력이 오래된 동호회 회원들도 있을 테니 조금 긴장했습니다. 그래도 기본적인 운동신경으로 어느 정도 커버할 수 있을 거라는 생각을 하면서요.

최근에 산 트레이닝복과 새하얀 양말을 골랐습니다. 이마에 흐르는 땀을 막아 줄 머리띠도 준비하고요. 실내 운동에 알맞아 보이는 가볍고 마찰력 있는 러닝화를 신고 체육관으로 향했습니다.

친구의 지인들과 바로 팀을 짜 복식경기를 시작했습니다. 생각보다 배드민턴의 룰은 복잡했습니다. 서브를 넣는 규칙부터 배워야 했거든요. 그냥 네트만 넘긴다고 되는 게 아니더라고요. 시합을 하면서 여러 규칙들을 익혀 나갔습니다. 함께 치는 분들의 실력이 저와 친구보다 월등히 좋았기 때문에 배운다는 느낌으로 쳤습니다. 상당히 재미있었나 봅니다. 문득 시계를 보고서야 3시간이 흘렀다는 걸 알았고, 얼마나 몸을 아낌없이 날렸던지 바지의 무릎 부분에 구멍이 나 있었습니다.

새로운 취미를 경험할 수 있는 귀중한 시간이었습니다. '새로운 취미'라는 말을 뱉었다가 이내 고개를 젓습니다. 기타에 글쓰기에, 이미 너무 많은 걸 하고 있다는 걸 깨달았거든요. 둘 다 꽤 긴 시간을 할애하는 취미라 수면 시간이 4시간 정도로 줄었습니다. 거기에 야구를 생각하면 시간은 더욱 부족해집니다. 제가 한동안 저렇게 무자비하게 취미 시간을 보낼 수 있었던 건 겨울이 야구 비시즌이기 때문이지요.

그런데, 야구는 계속 봐야 하는 걸까요? 오늘의 경기를 상기하게 됩니다. 야구장에 늦게 도착했는데, 이미 5:0으로 지고 있는 상황이었습니다. 그런데 제가 도착하자마자 5:2로 따라잡기 시작하더니 맹추격 끝에 7:5로 안타깝게 패했습니다. 제가 도착한 뒤에 낸 점수만 따지면 2:5인데 승요로서 어느 정도 역할은 했다고 할 수 있지 않을까요?

화딱지 나는 부분도 분명히 있습니다. 새로 온 감독님은 실험해 보고 싶은 작전도 있고, 승부수도 있었을 거예요. 그런데 이건 선수들이 제 역할을 해 준다는 전제에서 가능한 거란 말이죠. 그래야 성공률이 높아지지 않겠습니까. 저보다 훨씬 직관을 많이 본 주니 님 앞에서 주름 잡는 것 같아서 민망하지만, 오늘은 너무 아쉬움이 컸습니다. 9회초 7:5로 따라잡은 1, 3루 2아웃 상황. 물오른 타격감을 보여 주던 이학주 선수가 타석에 들어섰습니다. 홈런은 아니더라도 타점으로 추격의 불씨를 살릴 수 있을 거란 기대감이 고조되던 순간, 포수가 일어서면서 2루로 송구합니다. 경기는 그렇게 주루사로 허무하게 끝나 버렸습니다. 주중 6연패의 순간입니다.

'야구는 인생의 축소판'이라는 말이 있는데, 축소해서 보는 데도 참 쓰네요. 스포츠를 스포츠로 여기고 싶은데, 계속 삶에 비유하고 돌아보게 되는 건 왜일까요? 자이언츠 팬의 숙명일까요? 계속 새로운 취미에 고개를 돌리는 이유도 삶의 역경을 이겨 내기에도 빠듯한데, 축소판에서마저 역경을 견디기 버거워서일까요?

혹시 알고 있나요? 응원가에 고난과 역경을 이겨 나간다는 가사가 가장 많은 팀이 롯데라는 사실을 말이에요. 상당히 좋아하는 응원가들인데 개사해야 하지 않나 하는 생각도 듭니다. 노래 제목 따라 가수의 삶이 바뀐다는 속설처럼 '고난과 역경'이 유난히 롯데에만 찾아오는가 싶어서요.

최근 자이언츠의 깃발 아재가 시구를 했습니다. '롯데가 이겨야 집구석이 조용하다'가 적힌 깃발을 들고 다니는 유명한 팬이지요. 이번에 시구를 하면서는 이런 말을 남겼더군요. "팬들은 죄가 없습니다." 정말 공감했습니다. 아마 그 자리에 있던 팬들 모두 같은 마음이었을 겁니다. 직관 가는 날 햄버거를 먹고 이겼다면 다음 직관 때도 햄버거를 먹는 우리의 마음을 대변해 주는 듯했습니다.

자이언츠가 수렁에 빠져 있을 땐 라이트한 야구팬이 되어 잠시 다른 취미를 즐기는 것도 방법 같아요. 주니 님도 정신 건강을 위해 새로운 취미나 관심사로 잠시 눈을 돌려 보아도 좋겠습니다.

from. 드리

4. 자이언츠의 부진과 직관 1승 4패의 슬픔에 대하여

Dri → Joonie

B ●●●
S ●●
O ●●

MJ effect를 소개합니다

결국 갔군요. 안 가는 걸 추천했지만 말이에요. 충분히 이해합니다. 머리로는 알지만 마음은 그렇지 못한 걸 누구보다 잘 알기에 저 역시 계속 사직 야구장으로 향하는 거 아니겠습니까. 하지만 직관에서의 패배는 생각보다 쓰라립니다. 패배 뒤 야구장을 나와 사직역까지 걸어갈 때, 제 발걸음은 중력의 영향을 100배 이상 받는 듯 무겁습니다. 그 와중에 역을 향하는 수많은 롯데 팬을 마주치면, 그 역시 같은 마음인 걸 알아차리게 됩니다.

기타, 글쓰기, 이번에는 배드민턴까지! 늘 새로운 취미를 찾고 즐기는 게 저랑은 확실히 다르네요. 저는 취미가 확고합니다. 주변에서 아무리 꼬드겨도 끌리지 않으면 절대 안 합니다.

새롭게 넓혀 가기보다는 제가 원하는 부분에 대해 깊숙이 파고들고, 온전히 즐기려고 합니다. 얼마나 깊이 즐기느냐 하면, 운동은 일주일에 네다섯 번은 합니다. 독서는 시간 날 때마다 하고요. 5년 전부터 지금까지 매주 한 권 이상 읽으며 독서 기록을 정리하고 있습니다. 모아 놓은 기록이 200개가 넘어가네요.

그중 추천하고 싶은 책이 있습니다. 바로 《야구잡썰》입니다. 야구 덕후들이 모여 쓴 책이라 공감 가는 바가 너무 컸습니다. 솔직히 이분들에 비하면 저는 전혀 헤비하지 않은 일반 팬에 불과합니다.

> "올해는 다르다!" 새 시즌이 시작하기 직전에 주문처럼 외우는 말이다. 사실, 생각해 보면 늘 달랐다. 롯데는 매년 새로운 방법으로 팬들을 힘들게 했고, 기상천외한 방법으로 실망을 안겼다. 자주 이름이 바뀌는 감독들의 개성 있는 운영은 기본이며, 세부적으로 보면 '볼보이에게 공 토스하기', '끝내기 낫아웃', '23 대 0' 등등 전대미문의 사건이 참 많았다. 자이언츠의 팬으로 장수하려면 투수의 구속보다 본인의 혈압을 더 잘 체크할 수 있어야 한다.
>
> 정리하자면 내가 여태 목격한 이 팀은 승리를 향한 열정이 있는 매력적인 팀이지만, 동시에 한 번 실수하면 끝없이 추락하는 환장

> 할 팀이었다. 이건 단순히 못한다는 뜻이 아니다. 그런 영역은 진작에 넘어섰다. 끊임없이 새롭게 시즌을 망치는 방법을 찾는다는 점에서 롯데 자이언츠는 프로 스포츠계의 이단아, 마에스트로다.
> _강해인 외 지음, 《야구잡썰》, RHK, 2024, 16~17쪽

가장 공감하며 읽었던 부분은 이겁니다. 롯데 팬이라면 누구나 몰입할 내용이지만, 저는 그 이상이었습니다. 글과 하나가 되는 기분이었다고 할까요?

다른 이야기로 전환해 봅니다. 친한 누나가 있어요. 그녀의 이름은 MJ. 학교 다닐 때 동아리 활동을 하며 친해졌고, 병원 실습 또한 같은 조로 배정되어 지냈으며, 지금까지도 자주 연락하는 친누나 같은 사람이죠. 소중하고 아끼는 사람이지만 안타까운 점이 하나 있으니, 일이 잘 풀리지 않는다는 거예요. 어떤 일이든 MJ에게 가면 유난히 어려워지는 면이 있어요. 오죽하면 '이 누나, 전생에 무슨 업보가 있나…' 가끔 이런 생각도 했다니까요. 그런데 누나의 불행을 배가하는 존재가 있는데, 바로 접니다. 저와 함께하면 풀리지 않던 일들이 더 엉키고, 종국에 비극을 맞이하는 상황도 빈번하게 일어나요.

학교를 졸업하고 각자가 선택한 길을 걸었고, 코로나라는

상황 때문에 우리가 다시 만난 건 약 4년 만이었어요. 그것도 야구장에서 말이지요. 2022년 7월 24일, 롯데와 기아의 경기 날이었어요. 절대 잊을 수 없는 날이지요.

1. MJ와 저는 결국 증명했습니다. 우리의 조합이 핵반응을 일으켜 야구장을 터뜨렸어요. 23:0으로 말이죠.
2. 기아의 응원가마저 따라 부르는 롯데 팬들. 〈부산 갈매기〉 대신 〈남행열차〉를 부르기 시작합니다.
3. 기아를 응원하는 롯데 팬들을 말리는 조 단장님. 그러면 안 된다, 선수들을 응원하자! 외치는 사이 저 멀리 공이 날아가고 있었죠. 홈런을 맞았습니다. 그는 더 이상 아무 말도 하지 못했습니다.
4. 기아가 친 안타는 26개, 롯데가 친 안타는 5개에 그쳤습니다.
5. KBO 한 경기 최다 득점 차 기록을 세웠습니다. (2024년 24점 차로 기록이 바뀜)

《야구잡썰》에 나온 '한 번 실수하면 끝없이 추락하는 환장할 팀'이라는 말이 딱 맞는 날이었습니다. MJ 이야기를 꺼낸 이유는 얼마 전 2024년 4월 10일 역시 그녀와 함께 직관에 도전했기 때문입니다. 안타와 홈런으로 3회말에 4:0으로 삼성에 앞섰습니다. 초반부터 4:0이라니 놀라웠습니다! 6회말까지 7:3으로 앞서는 상황, 전미르가 등판해 무실점에 탈삼진 4개를 달성했지요. 하지만 행복한 이야기는 거기까지였습니다. 8회 초 동점, 10회초 7:8로 역전 후 우측 담장을 넘기는 홈런을 맞아 7:10. 그렇게 게임은 끝나고 말았습니다.

이제야 고백하건대 MJ가 야구장에 가면 발생하는 절대 법칙 두 가지가 있습니다. 저는 이를 'MJ effect'라 칭하기로 했습니다.

1. 경기 시간은 무한정 길어진다.
2. 어떻게든 지고 만다.

가끔 직관 중에 경기가 이상하게 안 풀린다 싶으면 MJ에게 문자를 보내 봅니다. '누나, 혹시 지금 야구장?'

저는 작년에 직관으로만 5연승을 거두었습니다. 우연히 티켓팅에 성공한 최강야구 대 독립야구 편에서도 승리를 목격했습니다. (롯데 자이언츠는 아니지만 이대호, 송승준, 김문호 선수가 있지 않습니까? 제2의 롯데로 생각하고 있습니다.) 그리고 올해 첫 직관인 NC와의 홈 개막전에서 1승을 차지하며, 직관 7연승이라는 업적을 달성했습니다. 하지만 거기까지였네요.

직관 7연승이 깨지고 내리 직관 4연패를 당하는 것도 슬프지만, 제일 안타까운 건 야구 자체를 보고 싶지 않은 기분이 든다는 겁니다. 당연히 패배는 있을 수 있지요. 하지만 해도 해도 너무하다는 생각이 드는 요즘입니다. 특히 기대가 컸던 선수들이 못하니 실망이 큽니다. 해 줘야 하는 이들이 제 역할을 못 하는데 우승 경험이 많은 감독이 있어 봤자 뭘 할 수 있겠습니까? '병살 나오겠다', '설마 주루사?' 이런 말도 안 되는 추측이 들어맞을 때면 내가 지금 야구를 왜 보고 있는지 의문이 듭니다.

저 역시 깃발 아재의 시구 영상을 봤습니다. '롯데가 이겨야 집구석이 조용하다', '팬들은 죄가 없습니다'라고 말할 때 속이 시원했습니다. 선수들도 갑갑하겠죠. 미치도록 이기고 싶은데 마가 껴서 그런지 도통 이기지 못하니까요. 그런데 이런 경기를 봐야 하는 팬들은 무슨 죄인가요? 홈런 2방 맞고 기가 꺾여 맥없이 지고, 1점 차이를 끝까지 극복하지 못하고 패배하고, 삼진이나 플라이 아웃도 아닌 주루사로 경기를 끝내는 걸 보면서 롯데 자이언츠를 얼마나 더 응원해야 하는 걸까요?

차라리 MJ effect가 원인이고, 제가 패배의 원흉이면 좋겠습니다. 제가 야구장을 안 가서 롯데가 승리할 수 있다면 야구 경기는 늘 결과만 힐끔 확인하겠습니다. MJ가 원인이라면 평일 6시 반, 주말 2시, 5시마다 그녀를 넥 슬라이스로 기절시켜 야구장에 못 가게 하겠습니다. 하지만 모두 알잖아요. 이 모든 걸 극복해야 하는 건, 팬이 아니라 롯데 자이언츠라는 것을요.

  체한 듯한 갑갑함을 편지에 써 내려가다 보니 격앙된 감정이 한가득입니다. 그만큼 슬퍼서 그렇습니다. 서운하기도 하고요. 다음 편지는 좀 더 밝은 내용으로 돌아올게요.

from. 주니

병에 걸렸습니다, '아무것도 하기 싫어병'

이 모든 게 야구 때문입니다

주니 님 편지에서는 늘 좋은 에너지가 느껴집니다. 요즘 제가 나른하고 무기력한 시간을 보내고 있어서 더 그렇게 느끼는지도 모르겠습니다. 가끔 찾아오는 '아무것도 하기 싫어병'에 걸린 게 아닌가 싶습니다.

'싫어병'에 걸린 이유는 재미있어 보이는 것들을 위해 벌여 놓은 일이 많기 때문인 것 같아요. 남미 여행을 다녀온 이후 지금이 아니면 할 수 없는 일들을 찾아서 해 보고 있습니다. 강렬하게 원하거나 끌리는 일이 아닌데도 일단 시도해 보는 거죠. 그러다 어느 순간 숙제처럼 쌓여 버린 일들이 생겼습니다. 그거 알죠? 시험 기간에는 공부 빼고 모든 게 재미있게 느껴지기 마련이잖아요. 공부하려고 보니 책상 정리를 해야 할 것 같고, 방 청소가 하고 싶어지는 그런 상황이요.

요즘 많이 생각하는 단어는 '선택'입니다. 어떤 때는 거창하게 느껴지는 말입니다. 기회비용이 너무 크거나 강한 압박을 받는다거나 급박한 상황에서는 더욱 그러합니다. 선택에는 용기가 필요하지요. 저는 일상의 작은 갈림길에서부터 용기를 냈습니다. 예를 들면 온종일 누워 있기 말입니다. 부지런히 몸을 움직이는 게 바람직한 청년의 자세라고 스스로를 압박해왔기 때문에 그동안 가만있는 걸 견딜 수 없었습니다. 그런 저에게는 온종일 침대에 누워 아무것도 하지 않는 것도 용기이자 선택이었어요. 하지만 아무것도 안 하고 누워 있는 게 얼마나 행복한 일인지요. 우리는 이걸 '휴식'이라고 부르기로 했다지요?

작년까지는 야구 중계를 틀어 놓고 간단한 요리와 맥주를 즐기는 게 최고의 휴식이었는데, 올해는 (안 그래도 라이트한 팬이었지만) 유난히 야구에 관심이 덜합니다. 시즌의 시작을 함께하지 못해서일까요, 아니면 승리 요정을 자부하던 저에게 직관 3연패의 아픔이 너무 크기 때문일까요?

사실 저는 호수비가 나오거나 한 회라도 공격이 살아나면서 힘주어 응원할 수 있다면 '꽤 괜찮은 경기'였다며 호평하는 편입니다. 지더라도요. 그런데 올해는 그조차 쉽지 않네요. 왠지 무기력한 느낌이라고 할까요.

한참 길게 이야기하는 중이지만, 싫어병에 걸린 것을 야구 탓으로 돌리는 중입니다. 선택지 사이에서 회피를 선택하는 중인 것 같습니다. 글을 쓰기 위해서는 자리에 앉아야 하고, 운동하기 위해서는 일어나야 하며, 독서를 하려면 책을 펴야 하는 진리를 알고 있음에도 말이지요.

이럴 때는 잠시 딴짓을 찾아 전화를 걸어 봅니다. 오랜만에 목소리를 듣는 건 참 좋습니다. 짧은 대화 속에서 예전 모습들이 생생하게 떠오르거든요. 문득 떠올랐을 때 놓치지 않고 연락하는 것도 제 소중한 능력 중 하나라는 생각이 듭니다. 방금 주니 님과 통화를 했습니다. 목소리를 듣고 나니 다시 편지 쓰기에 집중이 되네요.

올해 잘한 선택을 꼽자면, 우리의 관계입니다. 꾸준함은 저에게 없는 재능이라고 말하곤 했는데, 이렇게 하고 싶던 걸 함께해 주는 이가 있다는 게 참 고맙습니다. 야구든 글쓰기든, 어떤 욕심도 내려놓고 그냥 즐길 수 있으면 좋겠습니다. 마음을 비우는 게 쉽지는 않지만, 그게 가장 현명한 선택일지도 모르겠다는 생각이 드는 요즘입니다.

마블 시리즈 중 〈캡틴 아메리카〉를 아나요? 캡틴 아메리카 캐릭터에 대해 물음표를 가진 친구들이 있었는데요. 친구와 이런 대화를 한 적이 있습니다. "다른 히어로들은 능력이 분명한데, 캡틴 아메리카의 초능력은 뭐야?" "음, 아마도 리더십 아닐까?" 캡틴 아메리카는 좋아하는 야구팀의 일정을 꿰뚫고 있을 만큼 야구를 좋아합니다. 세상에서 가장 개성이 강한 구성원으로 이루어진 조직을 이끌면서도 평정심을 유지하는 게 야구를 좋아하는 설정과 맞아떨어지는 것 같습니다. 다시 보니 엄청난 능력이네요. 그런 의미에서 저도 좀 더 인내심을 가지고 다음 직관 때 입을 유니폼을 챙겨 봅니다.

from. 드리

| Dri | **6** | *지금까지 괜찮다고 말했을 거야.* |
| Joonie | ▼ | *이젠 안 돼. 이겨 내야 해* |

결국 증명만이 답이다

별일 없지요? 저는 변함없이 똑같습니다. 매일 가족과 저녁 먹으며 야구를 보고, 잘하면 기뻐하고 못하면 욕하는 그런 일상 말입니다. 최근에는 3연승을 거두고 있는 터라 집안 분위기가 매우 좋습니다. 롯데만 잘해 주면 가정이 행복하고 부산에 기쁨이 넘칠 텐데 말입니다.

이번 편지에서 유독 신경이 쓰인 건 드리 님의 '아무것도 하기 싫어병'이었습니다. 결코 남의 이야기가 아니기 때문이죠. 저는 '싫어병' 이상을 겪어 봤습니다. 아마 들어 봤을 텐데요. 바로 '번아웃'입니다. 아래는 그 친구를 마주했을 때의 느낌을 적은 글이에요.

'어느 순간부터였는지 잘 모르겠다. 의욕 넘치는 상태로 병원 실습도 돌고, 강연도 적극적으로 도전했던 나였다. 그게 얼마 전이었다. 느닷없이 무기력해졌다. 쉬어도 쉰 것 같지 않았다. 충전해도 에너지가 채워지지 않았다. 이따금씩 숨이 막혔다. 이렇게 하루하루를 보낼 수 없으리라는 생각이 나를 잠식했다. 아무것도 안 하고 싶다. 내가 하던 모든 걸 내려놓고 싶다. 그래, 도망치자.'

번아웃을 만난 건 2018년 초, 본과 4학년 시작 직전이었어요. 중학교, 고등학교, 대학교 그리고 대학원에 와서도 정말 열심히 살았어요. 제대로 쉴 틈이 없었던 게 원인이었지요. 문제가 터지는 건 단 한순간이었습니다. 참고 참았던 상태가 급격히 안 좋은 방향으로 흘러갔습니다. 어디로든 도망치고 싶었던 저에게 뜻밖의 기회가 찾아왔어요. 본과 3학년 말에 큰 기대 없이 신청한 해외 실습을 갈 수 있게 된 겁니다. 모교와 자매결연을 맺은 프랑스의 릴 대학교 병원 실습 기회가 온 것이었습니다.

김영하 작가는 《여행의 이유》를 통해 여행자는 여행지에서 특별한 존재(Somebody)가 아닌 아무것도 아닌 자, 노바디(Nobody)가 된다고 말했습니다. 그 말이 무엇인지 유럽에서 머무는 동안 온전히 느꼈습니다. 항상 고민하고, 그 때문에 숨 막히고, 심지어 번아웃에 빠진 저 자신을 잠시나마 잊어버려도 되었으니까요. 여행이란 때로는 정체성을 버리고, 나를 잠시 잊고, 수많은 굴레에서 벗어나 아무것도 아닌 자가 되는 것이라는 걸 배운 계기였어요. 그리고 더 큰 깨달음은 싫어병이든 번아웃이든 결국 스스로 이겨 낼 수밖에 없다는 것이었습니다. 잠시 멈춰서 쉬는 한이 있더라도 언젠가는 스스로 해결해야 하는 친구들이라고요.

자이언츠에서도 비슷한 이야기가 있었습니다. 2024년 4월 24일 SSG와의 경기에서 김태형 감독이 한동희 선수에게 이런 말을 했다고 합니다.

"지금까지 주변 사람들이 편안히 해라, 괜찮다고 말했을 거야. 하지만 이제는 그러면 안 돼. 스스로 이겨 내야 해."

아쉬운 모습을 보여 주는 한동희 선수에게 보내는 진심 어린 조언이었습니다. 사실 이 조언은 한 선수에게만 해당하는 내용이 아니라 롯데 모두에게 해당하는 거라 여겼어요. 감독이 게임을 승리로 이끄는 것은 한계가 있습니다. 결국 이겨 내는 건 선수들의 몫입니다. 승리 하나하나, 가을야구, 나아가 한국시리즈, 끝에는 우승까지, 그 순간을 바라고 시간과 비용을 투자하는 수많은 팬이 있는 이상 그들은 어떻게든 해내야 합니다. 그렇기에 괜찮다고만 말할 수 없는 감독의 말이 저에게 많이 와닿았습니다.

  스스로 이겨 내라는 감독의 말이 선수들에게 닿은 것일까요? 이후 롯데는 3연승을 거두었습니다. 물론 이러다 다시 연패의 늪에 빠질지도 모릅니다. 결국 이겨 낼 수 있을지 알 수 없습니다. 그러나 그 노력을 끝까지 지켜보고 싶은 게 1992년 우승한 해에 태어난 팬의 마음이에요.

  캡틴 아메리카는 당연히 알죠(마블 시리즈를 세 번 정주행한 저입니다). 그는 아무리 강한 상대가 나타나도, 질 게 뻔히 보이더라도 계속 일어나서 싸웁니다. 그의 유명한 대사가 있죠. "I can do this all day." 그가 올곧이 외치던 말을 롯데 자이언츠 역시 행하였으면 하는 게 저의 작은 바람입니다. "We can do this all day."

from. 주니

Dri	▲	**새 기타**
Joonie	**7**	**부동이를 만났습니다**

야구는 목뒤의 점과 같아요

유난히 좋은 날씨가 이어지고 있어요. 그래서인지 집 안에서 글을 쓰기 싫은 날입니다. 카페의 잔잔한 소음 속에서 노트북을 열었어요.

제가 기타 이야기를 들려준 적이 있나요? 제 첫 기타는 아버지의 기타였습니다. 그 친구와의 첫 만남은 고속버스터미널에서였어요. 아버지와 함께 기타를 받으러 갔는데, 그게 벌써 20년 정도 되었네요. 꽤 정을 준 녀석입니다. 그렇게 열심히 연습하며 잘 지내고 있던 와중에 제 마음이 틀어지는 계기가 생겼어요. 줄이 끊어진 겁니다. 최근 들어 매일 수 시간씩 연습한 결과일 수도 있겠지만, 아마도 꽤 오래되어 기타 줄이 끊어질 타이밍이었던 것도 같아요. 하지만 고작 이런 시련에 꺾일 순 없죠. 저는 늘 기타 줄을 상비하는 기타리스트입니다.

기타 줄을 교체하기 전에 잠시 후배의 기타를 빌려 연습했습니다. 갑자기 눈에 불이 번쩍 들어오더라고요. 코드를 살짝 잡았을 뿐인데 청명한 소리가 났습니다. 마음이 흔들렸습니다. 기타 줄을 교체하려는 과정에서 기타에 대해 잘 아는 지인이 "꽤 고급 줄인데 다음에 좋은 기타를 사면 바꾸는 게 어때?"라고 조언했어요. 그러면서 기타에 대한 여러 정보를 주었습니다. 그날부터 열심히 기타를 알아봤습니다. 60만 원으로 시작해서 눈높이가 천만 원까지 올라가는 것은 정말 순식간이더라고요. 혹시 구매할 때 가장 주의해야 하는 말을 아나요? '그돈씨'라는 말입니다('그 돈이면 씨, ○○○ 산다'라는 비속어예요). 다시 정신 줄을 붙잡고 몇 가지 모델을 고른 후 주변의 조언을 받았습니다. 낙원상가에 가서 직접 비교해 보고 크래프터에서 나온 꽤 괜찮은 녀석으로 선택했어요.

지금은 새 친구와 함께하고 있습니다. 사람들이 입을 모아 "그래서 이름은 지어 줬어?" 하고 묻더군요. 그래서 제 첫 공연곡이 될 10CM 〈부동의 첫사랑〉에서 이름을 따 '부동'이라는 이름을 붙여 줬어요. 부드럽고도 단단한 느낌이 마음에 들어요. 매일 부동이와 함께하며 연습실에도 매번 들고 다니는 중입니다. 연습실의 환경이 악기를 보관하기엔 좋지 않을 거란 말을 귓등으로 흘리다가 부동이를 데려오고 나서야 행동으로 옮기기 시작한 거죠.

제 경우는 애정에 총량이 있어 기타에 쏟는 만큼 다른 취미에 할애하는 시간과 관심이 줄어들었습니다. 다행히(?) 주니 님과 편지를 주고받는 덕분에 야구는 꾸준히 챙겨 보고 있어요. 시간이 안 되면 경기 하이라이트, 그것도 어려우면 결과만이라도 꼭 보고 있습니다. 승리하는 날엔 순위가 오르지 않았을까 기대하며 순위표도 확인하고요. 의무감을 넘어 그냥 제 삶에 묻어 있는 무엇 같아요. 굳이 비유하자면 목뒤의 점 같다고 할까요? 평소에는 잘 보이지도 인지하지도 않지만 무의식적으로 만지게 되는 그런 점 말이에요.

밴드 활동과 기타 연습을 시작한 순간은 또렷하게 기억납니다. 그런데 야구를 어떻게 좋아하게 되었는지는 잘 기억나지 않습니다. 특히 생각보다 야구의 룰은 예외가 많고 복잡한데 그걸 어떻게 익히게 되었는지는 말이에요. 아마 모르는 사이 하나하나 쌓여 간 것이겠죠.

다음 주가 우리 야구 보기로 한 날이죠? 고대한 만큼 기대한 기쁨이 함께하는 날이 되기를 바라 봅니다.

from. 드리

Dri	**8**	### 새로운 공부를
Joonie	▼	### 시작했습니다

B ● ● ●
S ● ●
O ● ●
여전히 어렵고 지겹지만요

          벌써 2주라는 시간이 흘렀습니다. 어느덧 주고받은 편지는 열 번째가 되었고요. 20주 동안 이어진 이야기라니, 새삼 놀랍고 감사한 마음이 듭니다. 별다를 것 없이 흘러가는 하루 속에서 드리 님의 편지를 읽고 답장을 쓰다 보면 지극히 평범했던 날이 특별하게 느껴지기도 합니다.

  오늘은 2022년 6월 17일 금요일을 이야기해 볼까 합니다. 이미 언급한 적 있는 날인데, 제 생애 최고의 날 중 하나죠. 바로 롯데 자이언츠 의료지원으로 사직 야구장을 찾은 날입니다. 중앙 게이트를 통해 야구장에 들어가고, 조지훈 응원단장님과 김원중 선수와 사진을 찍고, 이대호 선수의 사인을 받으며 행복에 흠뻑 젖었던 날이요. 여기까지 읽고 '예전 편지에서

한 말을 또 하고 있네?'라고 생각한다면 고맙습니다. 그만큼 편지에 집중해 주었다는 의미니까요. 그런데 말이에요. 그날을 절대 잊지 못하는 이유는 따로 있습니다.

SSG와의 승부에서 2:1로 쫓아가던 상황이었어요. 이호연 선수가 날린 타구가 3루타가 되고, 이대호 선수의 희생 플라이로 1점을 추가하여 동점이 되려던 바로 그 순간, 중견수의 레이저 송구가 홈으로 날아들었고 충돌이 일어났습니다. 전속력으로 달려오며 어떻게든 점수를 내고자 슬라이딩하는 이호연 선수와 홈으로 온 송구로 태그아웃하려는 SSG의 포수 이재원 선수가 강하게 부딪혔습니다. 이호연 선수는 충격을 받은 머리를 부여잡고 그라운드에 쓰러졌고, 저는 망설일 틈도 없이 그라운드로 뛰어들었습니다.

2000년 4월 18일 잠실 야구장이 떠올랐습니다. 2루에 있던 롯데 자이언츠 임수혁 선수가 쓰러졌습니다. 심정지였어요. 지병이었던 부정맥이 원인이었고요. 쓰러진 직후 의식이 없고 맥박과 호흡이 비정상이라면 곧바로 심폐소생술을 진행해야 합니다. 빠르게 병원으로 이송하면서 심폐소생술을 이어 가야 했지만, 그러지 못했습니다. 경기장에는 의료진도 앰뷸런스도 없었습니다. 늦게나마 병원 이송 후 맥박과 호흡을 되살렸으나 이미 시기를 놓치고 말았습니다. 그는 그라운드로 돌아올 수 없었습니다. 만약 제대로 된 응급처치가 이루어졌더라면 어땠을까요? 결과는 달라졌을지도 모릅니다. 이후 KBO에 의료지원이 도입되었습니다. 하지만 냉정하게 평가하자면 아직 갈 길이 멉니다.

2022년 10월 8일은 조선의 4번 타자 이대호 선수의 은퇴 경기가 있던 날입니다. 그 경기에서 롯데의 포수 정보근 선수가 머리에 공을 맞는 사고가 있었는데, 곧바로 앰뷸런스가 들어왔으나 이송까지 너무 오래 걸렸습니다. 이송 과정을 지켜보던 팬들이 답답한 마음에 야유를 보냈던 걸 기억합니다.

2023년 6월, 고교야구 경기에서도 안타까운 일이 있었습니다. 충돌 사고로 선수 얼굴에 골절이 발생하고 치아도 5개나 부러졌지만 의료진이 없어서 바로 응급처치를 받지 못했고, 그 상태로 20분간 경기장에 방치되었습니다. 고교야구 선수는 한국 야구의 미래입니다. 이들에게 부상은 인생 전체에 영향을 줄 수 있는 큰 사건이죠.

임수혁 선수에게 비극이 닥친 지 20년이 지난 지금까지도 이런 일이 계속된다는 게 놀랍지 않나요? 고교야구 주말 리그 경기장에는 의사, 간호사, 응급구조사 등 전문 의료진이 1명 이상 반드시 있어야 합니다. 문화체육관광부의 '스포츠행사 안전점검 매뉴얼'에 따르면 말이죠. 의료지원 나온 쪽과 구단 측은 사전에 손발을 맞춰 봐야 합니다. 선수 부상 시 의료진은 어떻게 움직이고, 구단은 어떻게 대처할지 사전 준비가 이루어져야 합니다.

다시 2022년 6월 17일 금요일로 돌아가 잊으려야 잊을 수 없는 그날을 떠올려 봅니다. 다행히 이호연 선수에게 큰 문제는 없었습니다. 다음 날 경기에서도 안타를 치는 모습을 보고 가슴을 쓸어내렸습니다. 열심히 치고 뛰던 이호연 선수는 아쉽게도 롯데 자이언츠를 떠나 KT 위즈로 이적했어요. 계속해서 훌륭한 활약을 펼치기를 응원합니다.

우연히 경험한 의료지원 그리고 계속되는 선수들의 부상 소식을 접하며 결심하게 되었습니다. 스포츠의학을 공부하기로요. 저조차도 환자들에게 "운동하세요." 권할 때는 많았지만, 어떻게 해야 부상 없이 운동할 수 있는지 제대로 설명한 적은 없더라고요. 그리고 언젠가 롯데 자이언츠의 팀 닥터가 될 수 있다면 그것이야말로 정말 멋진 일이 아니겠어요?

새로운 공부는 비단 저에게만 해당하는 말은 아닌 듯합니다. 기타에 대한 열정, 밴드에 대한 관심, 굳은살이 늘어날 정도의 연습. 어쩌면 저보다 드리 님이 훨씬 진도가 빠른 것 같네요.

한편으로는 아쉬움도 있어요. 드리 님의 취미가 늘어날수록 야구에 대한 애정은 줄어드는 것 같아서요. 물론 애증이라는 감정도 이해하고, 억지로 붙잡을 수 없다는 것도 압니다. 부디 하루빨리 야구를 향한 사랑이 돌아오길 기다립니다. 마치 2군에 내려간 1군 선수를 기다리는 마음으로요.

from. 주니

Dri	▲	**우리 팀을 응원합니다,**
Joonie	**9**	**너희 팀 말고요**

B ●●●
S ●●
O ●●

떠난 마음을 다잡고 야구 봅니다. 다시

잘 지냈나요? 저는 최근 많은 일을 겪고 있지만, 대부분 회사 일이라 티 낼 새 없이 바쁘게 보내는 중입니다. 현생에 치인다는 게 이런 걸까요? 그래도 이동하거나 다른 일을 할 때 짬짬이 중계를 들으며 야구와 함께했습니다. 타오르는 열정보다는 꼭 봐야겠다는 집착 내지는 의무감으로요.

그래서였을까요? 연승 가도를 달리던 자이언츠가 이글스에게 주중 시리즈를 내주는 순간을 실시간으로 목격했지요. 일상도 우울한데 야구까지 지니까 활력소가 사라지는 느낌이었습니다. 그래서 편지 쓰기를 미루고 미루다, 다행히 주말에 치른 다이노스와의 **위닝 시리즈** 덕분에 펜을 들 수 있었습니다.

어린 시절 저는 주인공은 '우리 팀=착한 놈' 악당은 '느그 팀

=나쁜 놈'이라고 불렀어요. 누구나 주인공이자 멋진 편에 속하고 싶기 마련이잖아요. 이번 시리즈에서 몇몇 선수들이 부활의 신호탄을 쏘는 모습을 보인 덕분에 정말 오랜만에 당당히 '우리 팀'이라고 말하고 다녔습니다. 그런데요, 이와 비슷한 상황은 회사에서도 종종 벌어집니다.

"○○야, 너희 팀장님 어디 계셔? 회의 시간 다 되어 가는데."

"팀장님요? 아직 안 오셨는데요."

"너희 팀장님은 왜 매번 약속에 늦으시냐, 후유."

재미있는 건 이 둘이 같은 팀이라는 겁니다. 그런데 실수나 잘못을 하면 '너희 팀'으로 선을 그어 버리는 거죠. 마치 시즌 중에 연패를 달리는 팀의 팬들이 '아직 개막을 안 했어', '이번에 그 팀 해체했을걸?' 하며 현실을 부정하는 것처럼요.

지금껏 자이언츠 경기를 봐 온 시간을 합치면 꽤 길 거예요. 야구와는 오래된 시간만큼 익숙해져 버린 사이입니다. 그런데 익숙하다는 건 좋으면서도 위험한 감정이라고 생각합니다. 처음에는 편안함을 줍니다. 언제나 그 자리에 있을 것 같은 친구나 가족 같은 느낌을 주지요. 그러다 비슷한 패턴이 반복되며 지루함을 겪습니다. 어느 순간 지루함을 넘어 무관심에 맞닥뜨리게 되지요.

직관을 자주 갈수록 감정의 교류가 생기는데, 집관(집에서 관람)을 이어 가다 보면 일방적인 감정만 쌓입니다. 특히 자이언츠처럼 이기는 날보다 지는 날이 더 많은 팀을 응원하면 나쁜 감정이 쌓이게 되지요. 그럼에도 불구하고 편안함, 지루함, 무관심을 지나 결국 다시 돌아오게 됩니다. 야구는 늘 그 자리를 지켜 주더라고요. 우리의 관계는 이렇게 이어지고 있습니다.

이번 주는 정말 많은 감정을 오갔습니다. 노, 노, 노, 희, 노, 락, 다소 편중되었지만 사이사이 희(喜)와 락(樂)이 주는 쾌감이 대단하더군요. 돌아온 손호영 선수의 활약, 김민석 선수의 싹쓸이 2루타, 고승민 선수의 만루 홈런 등 기쁨과 즐거움으로 가슴 벅찬 하루를 보냈습니다.

사실 이번 주에 가장 주된 마음은 무기력함이었습니다. 싫어병을 조금 더 넘어 무기력함과 무의미함을 느낀 한 주였지요. 그래도 일상은 흘러가고 있고, 그저 슬럼프를 지나고 있다고 생각 중입니다. 이유를 모르는 슬럼프처럼 이유 없는 반등도 있을 거라 여기면서요. 그때를 위해 세 가지는 꼭 실천하기로 합니다.

하나. 일상에서 이탈하지 말 것

둘. 취미를 유지할 것

셋. 방 청소를 할 것

   이번 편지를 다시 읽어 보니, 주니 님이 아니라 스스로에게 쓰는 편지가 되어 버린 것 같아요. 야구를 보러 가기로 했는데, 타이밍을 놓치는 바람에 결국 같이 가지 못했네요. 다음을 기약하며 그사이 직관을 다녀오려 합니다. 승패를 떠나 야구장의 냄새가 그리워지는 오늘입니다.

from. 드리

🟠 야구 토막 상식

위닝 시리즈
특정 팀과 세 번 연속 진행된 경기에서 두 번을 승리하는 것

3장

왜 갑자기 잘하는 거죠?
드디어 우승입니까?

	1	2	3	4	5	6	7	8	9	10	11	12
Joonie	0	0	0	0	0	0	0	0	0	0	0	0
Dri	0	0	0	0	0	0	0	0	0	0	0	0

B ○○○   **S** ○○   **O** ○○   **H** ○   **E** ○   **FC** ○

Dri	**1**	***죄를 저지르고***
Joonie	▼	***말았습니다***

B ●●●
S ●●
O ●●

그런데 사랑이 죄는 아니잖아요?

고백할 것이 있습니다. 저는 죄를 저지르고 말았습니다. 그 죄가 생각보다 무겁습니다. 게다가 하나가 아니라 무려 4개입니다.

첫 번째 죄입니다. 20년 지기를 야구장에 데려갔습니다. 보통의 패턴이라면 롯데의 공격 시간은 짧고(너무 짧아서 화장실 다녀오기도 애매할 정도) 수비 시간은 긴데(잠깐 졸았다 일어나도 안 끝날 정도) 친구를 데려간 그날은 반대였습니다. 공격이 길고 수비가 짧으며 경기 속도도 무지하게 빨랐거든요. 수없이 야구장을 다닌 저에게는 운 좋은 날 중 하루였지만, 롯데 야구를 처음 접한 이 친구에게는 이 경기가 기준이 되었다는 게 비극입니다. 친구는 "야구가 이렇게 재미있는 거였어?" 하며 입문했고, 이후 야구의 진짜 얼굴을 마주했습니다. 짧은 공격, 긴 수비, 분노와 스트레스를 경험하며 그렇게 한 단계 어른이 되어 갔습니다.

두 번째 죄입니다. 애인이 생겼습니다. 야구장에 안 간 지 오래되었다기에 손잡고 야구장으로 향했습니다. 지금까지 두 번 갔는데요. 첫 번째 경기는 김진욱 선수, 두 번째 경기는 이민석 선수가 선발 투수였습니다. 두 선수 다 좋아하지만 아직 선발로서의 능력은 검증되지 않아서 걱정이 앞섰습니다. 그런데 이게 무슨 일일까요? 첫 번째 경기는 역전승으로, 두 번째 경기는 2회 만에 8점을 뽑아내며 이겼습니다. 2전 2승을 경험하게 하며 '롯데는 100% 이긴다'는 말도 안 되는 생각을 심어 주었습니다. 상처받을까 봐 걱정이 앞섰습니다.

세 번째 죄입니다. 야구를 전혀 모르던 대전 친구가 있습니다. 이 친구가 음주를 무척 좋아했기에 '야구장에서 마시는 맥주 맛이 기가 막히다'며 권했습니다. 그렇게 친구는 한화 이글스 야구에 입문하고 맙니다. 저는 웃으며 말했죠. '진다→화난다→이기는 걸 보고 싶어진다→또 간다→진다→화난다… 그러다가 이긴다→역시 야구가 최고라고 느낀다→또 간다…' 야구는 뫼비우스 띠라고요. 그녀는 부정했지만 제 눈에는 보였습니다. 이미 야구의 늪에 빠졌다는 것이요.

마지막 네 번째 죄는 바로 드리 님에게 저지른 죄입니다. 야구를 좀 더 진득하게 보면 좋겠다고 권했을 때는 롯데가 기아를 3승으로 잡고, 삼성에 두 번 이긴 5승 1패 시점이었습니다. 하지만 곧바로 한화에 3경기를 헌납하더라고요. 야구를 권유한 시점이 나빴던 게 죄입니다.

야구에 대한 잘못된 환상을 심어 준 죄, 착각에 빠지게 한 죄, 야구의 늪에 빠뜨린 죄… 고해성사하듯 썼지만, 저는 묻고 싶습니다. 이게 정말 죄일까요? 야구에 대한 사랑이 죄는 아니잖아요? 좋아하는 걸 좋아하는 사람과 나눈 게 나쁜 일은 아니잖아요?

5월을 지나 6월로 들어서며 롯데 자이언츠가 수상합니다. 부상으로 주력 선수들이 빠지며 올해는 희망이 없다고 여겼습니다. 그런데 황성빈, 윤동희, 고승민, 나승엽 등 젊은 선수들이 활약을 펼치는 겁니다. 외국인 선수 레이예스, 반즈, 윌커슨도 제 몫을 훌륭히 해 주고요. 거기에 김상수의 투지, 이민석과 김진욱의 가능성, 때로는 다독이고 때로는 다그치며 선수들을 이끄는 감독과 코치진의 안정된 운영까지. 그들이 만든 롯데의 5월 성적은 13승 1무 10패, 승률 0.565입니다. 남은 시즌도 기대되지만 내년이 더욱 기대됩니다. 2025년은 소름 돋는 일이 벌어질지도 모른다는 상상을 하게 돼요.

from. 주니

PS. 죄는 3개로 정정합니다.

　애인의 존재가 바람처럼 사라졌거든요….

Dri	▲	***여섯 번의 동점과 역전!***
Joonie	**2**	***5시간의 엘롯라시코***

B ●●●
S ●●
O ●●
역시 야구는 직관이 답입니다

혹시 유죄 인간이라는 표현을 아나요? 치명적인 매력이 있는 사람에게 붙이는 말이에요. 예를 들면 수려한 외모에 섬세한 마음을 겸비하여 말투 하나 행동 하나에 사람의 마음을 녹이는 그런 사람 말이에요. 그런데 주니 님은 말 그대로 죄가 있는 유죄 인간이었군요.

아마도 야구를 좋아하는 사람이라면 주니 님과 같은 죄를 지은 유죄 인간 한 명쯤은 떠오를 겁니다. 가끔 누군가의 권유 없이 스스로 야구에 빠지는 사람도 있습니다. 그런 사람을 보면 말합니다. "왜 굳이 힘든 길을 들어서려 해?" 하지만 말뿐이죠. 원한다면 누구든 언제든지 야구장으로 모셔다 드립니다. 서비스로 응원 도구도 사 드릴 수 있습니다. 자이언츠라면 짝짝이(클래퍼)가 제격이겠지요. 기쁨은 나누면 두 배라고 하잖아요. 그런데 이쪽 세계의 문제는 슬픔도 나누면 (반이 아니라) 두 배가 된다는 겁니다. 우리 롯데 팬의 경우는 대개 슬플 때가 많기 때문에 한 번씩 찾아오는 기쁨의 크기가 훨씬 크긴 합니다.

    요즘 전 유죄 인간이 되기 위해 색다른 매력을 충전 중이에요. 밴드 활동에 진심을 다하고 있거든요. 6월 공연을 준비하며 거의 매일 연습실에 갔어요. 사실 보컬 수업도 따로 받았습니다. 말한 적 있던가요? 제 담당이 기타, 그리고 보컬입니다. 제 역량보다 난이도가 높은 노래가 선곡되는 바람에 이중고를 겪었어요.

    토요일에 공연을 마쳤습니다. 당연히 아쉬움이 남았지요. 그래도 최선을 다했으니 후회는 없습니다. 밴드 공연에 신경 쓸 부분이 정말 많다는 걸 알게 되었어요. 특히 공연 당일에는 음향에 더욱 신경 써야 합니다. 밴드 음악은 조화가 생명이거든요. 어느 하나가 튀지 않고 풍성한 소리를 내면서 보컬의 목소리도 또렷하게 전달해야 하니까요. 전문적인 부분은 엔지니어의 손을 거치면서요.

    이번 공연을 하면서 희한하게도 야구가 떠올랐습니다. 조력자가 주인공이 되면 안 되는 프로야구 말이에요. 얼마 전에 직관 가서 본 엘롯라시코가 딱 그랬습니다. 역전에 역전에 역전… 장장 5시간에 걸친 숨 막히는 승부였습니다. 자이언츠 팬들에게 축하 연락을 꽤 받았습니다. 마치 한국시리즈를 연상케 하는 경기였거든요. 상대는 LG 트윈스. 팬들 사이에서는 엘롯(꼴)라시코라 불리는 바로 그 대결입니다. 주로 졸전이 많이 나온다고 해서 조롱하는 표현으로 사용되곤 하는데, 이날은 '서로 잘해서 나온 최고의 승부'를 보았으니 수많은 축하가 있을 만했습니다.

하지만 심판 판정에 대한 아쉬움이 크게 남은 날이기도 했습니다. LG 주자의 도루 성공이었다가 타자의 송구 방해로 귀루였다가 다시 도루를 인정한 판정 말이에요. 감독은 이에 항의하다 결국 퇴장까지 당했습니다. 송구 방해다, 아니다 의견이 대립했는데요. 누구의 말이 맞는지를 떠나 주인공이 된 듯한 심판 판정에 대한 아쉬움이 컸습니다.

그뿐인가요? 심판이 지배한 경기가 이번 주에 또 있었죠. 오심이 다섯 번이나 나온 경기 말입니다. 천만다행히 그 경기를 실시간으로 보지 못했습니다. 봤다면 아마 머리가 부글부글 끓었을 겁니다. 사람이 하는 일이라 실수가 있을 수 있다지만 그래도 한 경기에 오심 5개는 너무하잖아요.

역시 집 나간 야구에 대한 관심을 돌아오게 하는 건 직관의 짜릿한 승리인가 봅니다. 엘롯라시코의 그날에 대한 에피소드가 하나 더 있는데요. 하필 직관 다음 주가 공연이었던 겁니다. 너무 재미있는 경기였음에도 불구하고 목을 아끼고자 응원을 최소화했습니다. 하지만 거듭되는 역전 상황에서 결국 소리를 지를 수밖에 없었습니다. 야구장이 떠나가라 소리쳤고, 목은 나갔고, 다시 소리를 내는 데 3일이 걸렸고, 그로부터 며칠 뒤에야 완창을 할 수 있었습니다. 걱정과는 달리 공연 당일에는 오히려 컨디션이 더 좋아져서 연습 때 실패하던 삼단 고음까지 질렀고요.

공연으로 완성된 뿌듯함, 직관으로 되살아난 야구 열정, 결론적으로는 여러모로 성공한 한 주였습니다. 응원해 준 주니님에게도 진심으로 고마워요!

from. 드리

| Dri | **3** | **범인 잡으려고 치킨집 하는데,** |
| Joonie | ▼ | **왜 장사가 잘되는데!** |

B ●●●
S ●●
O ●●

왜 이렇게 무를 많이 주나요?
무려 2개씩이나…

"왜 자꾸 장사가 잘되는데!"

이 대사, 익숙하지 않나요? 무려 1600만 명이 관람한 영화 〈극한직업〉에 나오는 말입니다. 마약 수사를 위해 치킨집을 차린 경찰들이 장사가 너무 잘되어 곤란해진 상황을 그렸습니다. 이 영화 이야기로 편지를 시작한 이유를 설명하려면, 그날로 돌아가야 합니다. 2024년 6월 25일 화요일로 말이지요.

요새 날씨가 무척 후덥지근합니다. 열기와 습기가 온몸을 휘감아 시도 때도 없이 땀이 줄줄 흐릅니다. 하루에 옷을 두 번 갈아입어도 부족할 정도로요. 이런 날씨에 자연스레 떠오르는 건 바로 시원한 맥주! 머리가 띵할 정도로 차가운 맥주를 마시면 '아, 행복이 가까운 곳에 있구나!' 새삼 깨닫게 됩니다.

그날도 맥주를 들이켜는 상상을 하며 사직 야구장을 찾았습니다. 롯데 자이언츠와 기아 타이거즈가 혈투를 벌인 날입니다. 롯데가 1회말에 1점을 내긴 했어요. 하지만 기아에 바로 점수를 헌납하고 맙니다. 그것도 좀 많이요. 1회에 5점, 2회에 3점, 3회에 1점, 4회에 5점, 아직 4회밖에 안 되었는데 점수는 14:1로 벌어지고 말았습니다. 자리를 박차고 나갈까 고민하기 시작했습니다. 이대로 나가 오늘의 경기를 잊고, 시원한 맥주를 들이켜고 싶었죠. 하지만 그러지 않았습니다. 6월 13일 키움과의 경기가 있던 날, 나가려던 찰나 2이닝 동안 무려 14점을 내며 18:10으로 이겼던 그날의 기억 때문일까요? 결국 남기로 결정했으나, 인정할 건 인정하기로 했습니다. 13점 차이를 따라잡는 건 불가능에 가깝다고요.

결말이 궁금하지 않나요? 그날 사직은 뒤집어졌습니다. 4회 말부터 이어진 점수 행진으로 14:1에서 14:15로 역전에 성공했는데 어찌 난리가 나지 않겠습니까? 하지만 이 드라마의 결말은 완벽한 해피엔딩은 아니었어요. 15:15 동점으로 연장전에 들어갔으나, 승부를 보지 못했거든요. 이제 알겠죠? 〈극한직업〉 속 대사를 제 버전으로 바꾸면 이렇습니다. "깔끔하게 포기하고 맥주 마시러 가려는데, 왜 자꾸 잘하는데!"

여기서 자연스럽게 부제의 무 이야기로 넘어가 봅니다. 그런데 왜 이렇게 무를 많이 주나요? 무려 2개씩이나…. 치킨이 맛있어야 치킨집을 찾지, 무가 맛있다고 가진 않잖아요. 야구도 마찬가지입니다. 야구가 재미있어야 야구장을 찾지, 다른 이슈가 재미를 망치는 일이 반복되면 팬들은 야구도 맥주도 치킨도 다 싫어집니다.

최근에 오심 5개로 롯데가 진 적이 있습니다. 충격이었습니다. 그런데 더 화가 나는 건, 오심을 바로잡을 기회를 번번이 놓쳤다는 사실입니다. 비디오 판독은 꼭 2회만 해야 할까요? 체크 스윙, 고의성 여부는 왜 명확한 기준이 없을까요? 오심에 대해 관중과 선수를 납득시키지 못한다면, 우리는 치킨집에 무 먹으러 가는 기분을 느끼게 될 것입니다.

이제 부제가 이해되나요? 그런데 하나 더 궁금한 부분이 있을지 모릅니다. 무가 왜 2개인지 말이에요. 2024년 6월 25일 기준, 롯데는 두 번의 무승부를 기록했는데, 신기하게도 두 경기를 모두 지켜봤습니다. 그것도 당연히 질 거라고 예상했던 경기에서 나온 무승부를요.

드리 님은 알아 갈수록 참 멋진 사람이라는 생각이 들어요. 양념 반 프라이드 반만을 추구하는 저랑은 다르게 간장 치킨, 마요네즈 치킨, 왕갈비 치킨 등 늘 새로운 걸 찾아 나서는 이입니다. 다음 공연은 직접 볼 수 있으면 좋겠습니다. 초대 부탁해요.

from. 주니

| Dri | ▲ | **상반기 결산은** |
| Joonie | **4** | **흉작입니다** |

하반기는 분명 풍작이겠죠?

이번 일요일은 7월 1일, 하반기가 시작된 주였어요. 벌써 2024년의 반환점을 돌았네요. 우리가 주고받은 편지를 다시 읽으며 상반기를 정리해 보니 생각보다 많은 일을 했더라고요. 편지 쓰기를 시작했고, 밴드 활동을 하고, 새 기타를 마련했고, 공연도 무사히 마쳤고, 남미 여행도 다녀왔습니다.

갑작스러운 몸살감기로 주말 내내 골골대었습니다. 기관지가 약해서 잔병치레가 잦은 편이라 장거리 여행이나 공연을 앞두고는 더욱 신경이 쓰입니다. 여행에서 고산병으로 고생했던 일을 제외하고는 별 탈 없이 건강하게 지낸 상반기였는데, 몸살감기로 마무리를 하고 말았네요.

나이가 들수록 시간이 점점 빠르게 간다고 느끼는 데는 여러 가지 이유가 있겠지만, 저는 두 가지에 크게 공감합니다. 하나는 노화입니다. 예를 들어, 어렸을 때는 같은 시간 동안 10개를 인지할 수 있었다면 나이가 들면서 5개도 인지하지 못하게 됩니다. 나머지 하나는 반복입니다. 새로운 경험이 줄어들고 비슷한 일상이 계속되는 거예요. 특히 두 번째 이유에 공감하고 있기에 새로운 경험과 도전을 멈추지 않으려고 하는 편입니다.

시간을 길게 사용하는 방법 중 하나는 글을 남기는 것이라고 생각해요. 일기를 포함하여 일상을 기록하는 사람들은 공감할 거예요. 기억은 결국 휘발되니까요. 그래서 우리가 주고받은 편지가 여러모로 더욱 소중하게 느껴집니다.

자이언츠 팬이라면 알 만한 짤이 있습니다.
'대자연 정도인가… 롯데의 연승을 막을 수 있는 건…!'
최근 자이언츠는 못 이길 이유가 없는 경기력을 보여 주었습니다. 홈경기가 이어지니 컨디션만 잘 유지된다면 하반기를 상쾌하게 시작하지 않을까 싶었지요. 하지만 우천 취소로 흐름이 꺾이더니 연패와 함께 올스타 브레이크를 맞았습니다. 경기 진행이 절반을 넘어가는 시점에 각 팀의 인기 선수를 투표로 뽑아 팀을 나누어 경기하는 KBO의 '별들의 전쟁'이지요. 팬들이 하나 되는 화합의 장이기도 하고요.

이번 올스타전, 당연히 봤겠지요? 어휴, 우리 선수들, 왜 이렇게 매력적이랍니까? 특히 베스트 퍼포먼스 상을 받은 마황(마성의 황성빈)을 어찌하면 좋습니까! 절실한 모습을 보이는 선수가 활약까지 펼치니 더욱 애정이 갑니다. 특히 재미있던 부분은 이벤트 게임에서 우승한 것입니다. 그리고 황성빈 선수가 이런 말을 했죠. "이기는 것도 습관이라 한번 우승하니까 계속 우승하는 것 같습니다." 2연속으로 우승한 팀의 멘트였습니다. 여기에 달린 댓글이 더욱 인상 깊은데요. '평행 세계의 자이언츠 같다. 행복해라.'

다음 주면 벌써 프로야구에서 하반기라 부를 수 있는 올스타 브레이크 이후의 정규 레이스가 시작됩니다. 직전에 연패했다고 해서 분위기가 넘어갔다고 생각하진 않아요. 선수들의 표정부터가 다르잖아요. 감독에 따라 팀 컬러가 이렇게 달라진다는 게 놀랍습니다. 리더의 역할이 얼마나 중요한지 다시금 실감하고 있어요.

사실 저는 감투병에 걸려 있던 사람입니다. 상대적으로 리더가 되길 원하는 사람이 적은 공학을 전공한 까닭일까요, 아니면 어쩌다 보니 이끄는 것에 대한 욕망이 별로 없는 사람이 속한 조직에 몸담아 왔던 걸까요? 자연스럽게 리더 역할을 주로 맡아 왔습니다. 리더십이 저의 주요 역량이라고 생각했는데, 회사 생활 8년 동안 아직 막내입니다. 상황에 적응을 꽤나 잘해 버렸고요. 요즘은 끌려가는 게 너무 좋습니다. 사회에서 리더의 역할이 주는 무게감을 알았기 때문일까요, 아니면 현실에 안주해 버린 걸까요?

지금은 주어진 환경에 이끌려 가고 있지만 언젠가는 잠재력을 마음껏 펼칠 날이 오겠죠. 만약 그렇지 않다면 그게 가능한 환경을 찾아갈 수도 있을 테고요.

매번 '올해는 다르다'고 외치는 자이언츠가 미우면서도 좋습니다. 늘 새로운 다짐으로 희망차게 시작하는 모습이 우리와 닮아 있거든요. 그래서 자이언츠의 성취가 더 특별하게 다가오는 것 같아요. 비록 흉작으로 시작했지만, 하반기는 풍작일 거예요.

from. 드리

| Dri | **5** | **실패 확률 99.7%라고 포기할 건가?** |
| Joonie | ▼ | **0.3%를 믿고 해 보겠는가?** |

B ●●●
S ●●
O ●●

정답은 없다.
단지 확률에 갇히고 싶지 않을 뿐

야구는 게임을 시작할 때는 승패 가능성이 반반이지만, 경기가 진행될수록 확률이 달라집니다. 2024년 6월 25일, 사직 야구장에서 롯데 자이언츠와 기아 타이거즈가 경기를 펼쳤습니다. 4회초가 끝날 무렵, 모 포털사이트에서 예측한 각 팀의 승리 확률입니다.

기아 타이거즈 승리 확률 99.7%

롯데 자이언츠 승리 확률 0.3%

4회초에 14:1로 점수가 벌어졌으니 AI의 판단이 맞을지도 모르겠습니다. 그런데 그 누구도 예상하지 못한 일이 일어나고 말았죠. 상상으로만 그리고 있던 13점 따라잡기, 그리고 역전! 2년 전에 23:0 패배를 목격했는데, 올해는 13점 차이를 역전하는 걸 본다고? 정말 심장이 터질 뻔한 날이었습니다. 그러나 기아가 1점을 더 내면서 15:15 동점이 되고, 피 말리는 사투를 벌인 끝에 경기는 밤 11시 50분에 결국 무승부로 끝나고 맙니다. 엄청난 기세로 몰아붙인 4회부터 7회까지 롯데의 승리 확률은 어떻게 바뀌었을까요?

	점수	승리 확률
4회말	14:7	3.5%
5회말	14:9	7.6%
6회말	14:12	22.4%
7회말	14:15	77%

0.3%의 확률을 77%까지 끌어올린 게 롯데 자이언츠입니다. 온몸의 DNA가 울부짖습니다. '롯데 자이언츠, 자랑스럽다! 사랑한다!'

이 엄청난 경기 이후 벌써 한 달이 흘렀고, 하반기 스타트도 영 좋진 않아요. 그러나 패패패패패로 가득했던 초반을 떠올리면 요새는 어떻게든 해내고자 하는 모습이 보이긴 해요. 지금까지의 모습을 돌아보면 초반엔 흉작이었지만, 흉작의 결과물을 어찌어찌 괜찮은 상품으로 만들어 시장에 팔 수 있을 정도는 되었다고 봐요. 하반기에 대박이 났으면 좋겠지만 그렇지 못해도 어쩔 수 없지요. 솔직히 올해는 포기했어요. 하지만 감독과 코치진이 롯데의 약점을 제대로 파악하여 수정해 나간다면? 선수들도 자신의 약점을 보완하고, 강점을 더욱 키운다면? 2025년에는 우리가 그토록 원하는 가을야구를 8년 만에 갈 수 있지 않을까 믿어 봅니다.

사실 드리 님과 저도 처음에는 접점이 많지 않았죠. 드리 님은 공대, 저는 자연대. 한 살 차이지만 초중고도 모두 다른 학교를 나왔고요. 어쩌면 평생 서로를 모르고 살았을 수도 있겠지만, 단 하나가 저희를 연결했습니다. 바로 '강연'입니다. 둘 다 강연에 관심이 있는 걸 안 중학교 은사의 소개로 서로를 알게 되었습니다. 지금도 생생히 기억나요. 롯데의 상징인 곳에서 불고기버거를 먹으며 대화했던 첫 만남요. 그렇게 보면 우리의 만남도 무에 가까운 확률을 뚫고 이루어진 듯합니다. 0.3%의 확률을 이겨 낸 6월 25일의 롯데처럼 말이에요.

확률은 확률일 뿐이라고 생각해요. 그 확률에 갇히느냐 마느냐는 우리의 선택일 뿐이라고요. 확률이 중요하긴 하지만 때로는 이를 무시하는 것도 방법이지 않을까요?

from. 주니

6. 원래 그런 것은 없습니다만

오늘은 제대로 야구 이야기입니다

"나는 원래 그래."

종종 듣는 말인데요. 저는 '원래'라는 표현을 경계합니다. 사람은 변하거든요. 그래서 '원래 그래'라는 말 대신 '왜 그렇게 되었을까?'라는 질문이 던지고 싶습니다.

"햄버거는 뭐니 뭐니 해도 새우버거지."

"새우에 알레르기 있는 사람이 새우버거 먹고 괜찮았다는 얘길 들은 적 있어. 새우 없는 새우버거가 왜 좋아?"

"새우버거도 새우버건데, 난 롯데리아 새우버거가 좋아. 먹을 때마다 어렸을 때 거기서 한 생일 파티가 떠오르거든."

친구와의 대화에서처럼 새우버거를 좋아하는 이유가 단순히 맛 때문이 아니라 어린 시절의 추억 때문이라면 그건 '원래'

가 아니라 '이야기'가 있어서 좋아하는 거죠.

회사에서 선배들과 종종 카페를 찾는데, 이때 벌어진 대화입니다.

"드리는 뭐 마실래?"

"쟤는 페퍼민트 미지근하게 마셔."

"주문하기 힘든데, 복잡하게 먹지 말고 그냥 아메리카노 마시지."

"원래 저렇게 마시더라고."

저는 고등학생 때부터 커피를 마셨습니다. 입사한 후로도 계속 마셔 왔고요. 서너 잔을 마시는 날도 있었습니다. 그러던 어느 날 문득 이런 생각이 들었습니다. '커피를 이렇게 마시는 게 건강에 괜찮을까?' 이날을 기점으로 커피 대신 차를 마시기 시작했어요. 건강 걱정에서 비롯된 변화였는데, 어느새 전 '원래' 커피를 마시지 않는 사람이 되어 있었어요. 이렇듯 어떠한 이야기가 한 단어로 대체되어 버리는 게 안타깝다는 생각을 종종 합니다.

"미쳤다! 원래 이런 거야?"

매우 격앙된 목소리였습니다. 함께 자이언츠 경기를 보러 야구장을 찾은 친구 부부가 5분에 한 번씩 내뱉은 감탄사였어요. 그들의 첫 직관 첫 타석이 3루타로 시작해 **빅이닝**이 되었거든요. 원래를 경계하던 저에게 몹시 반가웠던 원래였습니다.

"뭐야… 원래 이런 거야?"

경기 중반이 되자, 처음의 원래는 사라지고 새로운 원래가 왔습니다. 점수 차가 꽤 나게 이기다가 상대방이 따라잡기 시작하더니, 결국 투수가 강판당하는 상황에서 찾아온 원래였습니다. 저는 이렇게 말해 주었습니다.

"지금부터 자이언츠의 필승조가 나올 차례야."

"와, 필승조면 무조건 이기는 선수들이겠네?"

"응. 예를 들면 공부 잘하는 애들 모아 두고 운영하는 S대반 같은 거지."

"엄청나게 잘하는 에이스들이겠네?"

"맞아. 그런데 모두 S대를 가는 건 아니잖아? 비슷한 거야."

여유로운 척하며 말했지만 속으로 제발 이기게 해 달라고 마음 졸이며 경기를 봤습니다. 마무리 투수 김원중의 현란한 발재간(김원중 선수가 공을 던지기 전에 하는 습관)과 함께 친구 부부의 첫 직관 경기는 승리를 장식했습니다.

며칠 뒤에는 밴드 멤버와 직관을 갔고, 똑같은 질문에 역시 같은 대답을 하며 승리를 챙겼습니다. 원래 그런 거냐는 말을 유난히 많이 주고받은 직관들이었네요.

서두에 썼다시피 원래 그런 건 없습니다. 시간이 지나면서 조금씩 변한다는 사실에 끄덕일 줄 아는 자세가 중요한 것 같아요. 변화를 인지하는 것도 어렵지만 인정하는 것은 더욱 어려운 일입니다. 원래와 거리를 두기 위해 계속해서 다양한 경험을 시도하는 삶을 살아가려고요.

from. 드리

야구 토막 상식

빅이닝
경기에 영향을 줄 만큼 큰 점수가 난 이닝. 보통 3~4점 이상 내는 것을 빅이닝이라고 함

7. 구속 150km 투수, 도루 41개 타자 주면 큰일 아냐?

그래서 결과는 어떻게 되었을까?

'뭐? 150km 던지는 투수를 준다고? 왜?'

개막 이후 연패의 늪에 빠진 롯데 자이언츠. 그 와중에 트레이드 소식이 들려왔습니다. 트레이드는 각 팀의 선수를 맞교환하는 것으로, 포스트시즌 종료 이후부터 7월 31일까지 진행할 수 있습니다. 그 주인공은 바로 롯데 자이언츠 투수와 LG 트윈스 타자였습니다.

투수는 우강훈 선수입니다. 군필에 사이드암으로 150km를 던지는 유망주입니다. 쉽게 말하면, 특이하게 던져서 타자들이 잘 못 치는데 공이 빠르기까지 합니다. 게다가 군대도 다녀와서 이제 경험만 잘 쌓으면 발전할 가능성이 큰 선수란 말입니다. 이런 선수를 다른 팀에 보낸다니요? 대체 왜요?

우강훈 선수가 가고, 롯데에 새로 온 선수는 미국 마이너리

그에서 뛴 경험이 있습니다. 이후 LG에 왔지만 주전 기회를 잡지 못하던 타자입니다. 트레이드 전까지 들어 본 적도 없는 선수였죠. 분명 이유가 있을 테지만, 도저히 이해할 수 없었습니다. 당시에는 말이죠.

하지만 시즌이 지나면서 의문은 기대를 넘어 기적이 되어가고 있습니다. 2024년 6월 20일, 30경기 연속 안타에 성공한 것이지요. 이게 다가 아닙니다. 타율과 홈런 등 여러 부문에서 팀 내 선두권을 달리고 있습니다(2024 시즌, 팀 내 홈런 1위입니다). 롯데에 없어서는 안 될 선수가 되었어요. 이 선수를 데려오지 않았으면 어쩔 뻔했나 싶을 정도입니다.

그의 이름은 바로 손호영입니다(제 눈에는 god 손호영보다 백배 멋집니다). 이젠 누가 뭐래도 롯데 자이언츠의 자랑스러운 타자입니다.

'같은 편이라 다행이지, 다른 팀 갔으면 밉상이었을걸?'

어느 날 우연히 만난 선수가 있습니다. 눈이 마주치자 "안녕하세요." 먼저 인사해 주더라고요. 반가웠습니다.

"하, 왜 저 타이밍에 도루해서 죽는 거야? 좀 참지." 2023년 아버지께서 경기 보며 자주 하신 말씀입니다. 도루하다 아웃당한 선수는 저에게 인사해 준 이입니다. "아버지, 점점 더 잘하겠죠. 좀 믿고 기다려 보시죠." 그날의 인사가 그 선수 편을 들게 된 계기가 되었습니다. 하지만 그게 전부는 아닙니다. 왠지 빛나는 선수가 될 것 같은 느낌이 들었거든요.

2024년 4월 21일, 도루 전문가인 그 선수의 첫 번째, 두 번째, 세 번째 홈런을 직접 봤습니다. 이 장면을 함께 지켜본 부모님은 그다음부터 이 선수가 나오면 싱글벙글 웃으며 좋아하십니다.

그러다 7월 말 그의 트레이드 소식이 돌았을 때 정말 충격이었습니다. 다행히 그런 일은 일어나지 않았고, 그는 롯데 역사상 네 번째 40도루를 달성했습니다. 그를 뺀 나머지 롯데 선수들이 성공한 도루 개수가 그가 혼자 한 것과 같다고 하니 정말 놀라운 기록입니다.

그 선수는 바로 황성빈입니다. 우리 편이니까 예쁘지 남의 팀이었으면 정말 밉상이었을 거예요. 변칙적인 플레이로 팀을 승리에 다가가게 하고, 완벽에 가까운 도루 성공률로 득점에 이바지하니 얄밉지 않겠어요?

'인생은 알 수가 없다. 그래서 재밌는 게 아닐까?'

새옹지마라는 사자성어가 떠오릅니다. 좋을 거라 생각한 일이 실제로는 안 좋게 다가올 수 있고, 별로일 거라고 여긴 상황이 오히려 행운이 될 수도 있다는 게 2024년 롯데의 트레이드와 부합하더라고요.

롯데의 트레이드처럼 결과를 알 수 없는 건 제 인생도 마찬가지였습니다. 저는 뛰어난 부분이 없습니다. 잘하지는 못하지만, 잘하고 싶던 건 있는데요. 바로 글쓰기입니다. 하지만 현실은 냉혹했습니다. '답이 없다. 안 되겠다.' 상담받으러 간 지 5분 만에 들은 이야기입니다. 여기서 포기하지 않고, 계속 공부하며 기회의 문을 두드린 끝에 책까지 낼 수 있었습니다. 글을 못 쓴다고 문전박대당한 제가 말입니다. 인생은 그야말로 예측 불가능입니다.

저도 '원래'라는 말을 싫어합니다. 어쩌면 남들 눈에는 원래와 가까운 사람처럼 보일지도 모르겠어요. 하지만 저는 속도가 느릴 뿐 늘 변화를 모색하는 사람입니다. 드리 님과의 편지도 혼자만의 글쓰기에서 벗어난 새로운 도전입니다. 그래서 항상 고마운 마음이 있어요. 다음에 만나면 롯데리아 새우버거를 살게요. 저도 좋아하거든요.

2024년도 몇 달 남지 않았네요. 2025년의 우리는 2024년의 원래에서 얼마나 멀어져 있을까요? 기대되지 않나요?

from. 주니

| Dri | ▲ | **8년 차 막내입니다.** |
| Joonie | 8 | **언제쯤 벗어날까요?** |

B ●●●
S ●●
O ●●

당신의 역할은 무엇인가요?

        글을 시작할 때마다 가장 고민되는 건, 의외로 인사말입니다. 색다르게 시작해 봐야지 생각했다가도 다시 '안녕하세요'로 돌아오게 됩니다.

  회사에서 사용하는 메신저도 마찬가지더군요. '안녕하세요', '좋은 아침입니다' 문장 끝에 느낌표를 붙일 때도 있고요. 아무래도 팀에서 7년째 막내이다 보니, 느낌표를 꽤 자주 쓰는 편입니다. 그런데 다른 팀의 후배나 동생들과 대화할 때는 사뭇 다른 말투입니다. 활기찬 척, 싹싹한 척 막내 화법을 쓰는 대신 좀처럼 감정이 느껴지지 않는 단답식을 하고 있습니다. 그것을 인지한 후 '후배는 어떻게 대해야 하지?'라는 고민이 생겼습니다.

고전문학을 읽기 시작한 때가 생각났습니다. 그중 《데미안》은 읽다가 네 번이나 덮었던 책인데, 서른이 되어서야 다시 첫 장을 펼쳤고, 단숨에 끝까지 읽었습니다. 달라진 건 책이 아니라 저였습니다. 과거의 못났던 나를 돌아볼 수 있는 여유가 생겼고, 작품을 공감할 수 있게 된 것이었죠.

최근 독서 모임에서 밀란 쿤데라의 《농담》을 읽고 감상을 나누던 중에 들은 말이에요. '역할에 따라 사건을 다르게 판단한다.' 책에서 느낀 묘한 감정을 정리해 주는 표현이라 기억에 남았어요.

8년 차가 되도록 막내라니, 이제는 이 역할이 편해지기까지 했습니다. 막내 역할에 베테랑이 되어 가는 느낌이랄까요? 한편으로는 '새로운 역할을 맡아 보고 싶다'는 갈증도 있고, '나도 누군가를 이끄는 능력이 있지 않을까?' 궁금하기도 합니다.

인사 업무 특성상 부서장들을 대면할 기회가 많습니다. 그들을 지켜보면 리더는 상당히 부담스러운 자리입니다. 역시 막내가 편하다는 생각도 하게 되고요. 그래서 단기간에 리더가 되고 싶은 건 아니지만, 최대한 다양한 관점과 역할을 경험해 보고 싶습니다.

야구팀에서도 다양한 역할이 존재합니다. 가장 먼저 떠오르는 건 전준우 선수입니다. 팀의 주장이자, **프랜차이즈 선수**이자, KBO 팬이라면 누구나 알 만한 정상급 선수지요. 직관을 가면 활약한 선수에게 넋을 빼앗기지만 집에 돌아올 때 머릿속을 맴도는 응원가는 결국 전준우라고 할 만큼 여러모로 멋지고 매력적인 캡틴입니다.

한 명을 더 꼽자면, **테이블세터**이자 최고의 활약을 보여 주는 황성빈 선수입니다. 트레이드가 되지 않은 것에 감사할 따름인 마황 말입니다. 40개가 넘는 도루 기록보다 더 눈에 띄는 건 팀의 분위기를 확 끌어올리는 그의 활기입니다. 팬들을 열광하게 만드는 역할을 하지요.

이 외에도 대단한 활약을 펼치는 손호영 선수, 내일이 더 기대되는 윤동희 선수 등 모든 선수가 각자의 자리에서 알차게 역할을 해내고, 매년 성장하는 모습을 보여 주었으면 좋겠습니다. 패배하더라고 팬들이 다시 찾아갈 수 있는 원동력이 될 테니까요.

편지를 쓰며 늘 생각을 정리하게 됩니다. 이번에는 특히 막내 역할에 찌든 스스로를 돌아볼 수 있어서 뜻깊은 시간이었어요. 더불어 편지를 보내기로 한 기한을 넘긴 것도 반성합니다. 현재의 저를 비추어 보니 변명의 여지가 없네요. 앞으로 늦지 않을게요.

from. 드리

> 🥎 야구 토막 상식
>
> **프랜차이즈 선수**
> 어느 팀에서 데뷔하고 그 팀에서 활동하면서 뛰어난 활약을 하여 대표로 내세울 만한 선수
>
> **테이블세터**
> 1번 타자와 2번 타자를 이르는 말

| Dri | **9** | ***9전 9승 0패*** |
| Joonie | ▼ | ***가능할까요?*** |

B ●●●
S ●●
O ●●

제 역할은 5할 직관 타자입니다

               그가 갑자기 손을 들었습니다. 그리고 손가락 4개를 펼쳤어요. 야구팬이라면 바로 알아차렸을 겁니다. 고의사구 사인이라는 것을요. 2024년 4월 2일, 대전에서 펼쳐진 롯데 자이언츠와 한화 이글스의 경기에서 김태형 감독이 선택한 작전이었습니다.

6이닝 무실점의 선발 투수, 황성빈의 도루 성공, 손호영의 안타로 1:0 앞서가던 경기. 하지만 9회말 무사 2, 3루 상황이 되며 패색이 짙어집니다. 그 순간, 김태형 감독이 손가락 4개를 펼치며 고의사구를 지시합니다. 아웃 카운트가 없는 2, 3루 상황에서 1루를 채워 만루를 만든 거죠. 왜? 포스아웃 때문입니다.

태그아웃은 주자에게 직접 닿아야 하지만, 포스아웃은 베이스만 밟아도 되지요. 만루일 경우 수비가 유리해지기에 위험을 감수하고 상황을 반전시키기 위한 전략을 쓴 거예요.

결과는 놀라웠습니다. 문현빈의 땅볼로 순식간에 2아웃이 됩니다. 그리고 다시 한번 고의사구. 2아웃 만루에서 채은성을 헛스윙 삼진으로 잡아내며, 한화의 8연승을 저지하고 롯데 자이언츠가 승리를 거둡니다.

저라면 두 번의 고의사구는 절대 못 할 것 같아요. 강심장을 넘어 강철 심장 아닌가요? 그런데 경기 후 인터뷰를 보니 김태형 감독에게는 명확한 철학이 있었어요. 역시 명장은 다릅니다.

우리 롯데 자이언츠에는 정말 다양한 역할의 선수들이 있죠. 올해의 주장 전준우, 최고의 활약을 보여 주는 공격의 핵심 손호영, 점점 성장하며 멋진 미래가 기대되는 윤동희, 마성의 남자 황성빈, 뭔가 해 줄 것 같은 정훈, 안타왕 레이예스 등 각자의 색깔을 가진 선수들이 제 몫을 해내고 있습니다. 그리고 저도 역할이 있습니다. 바로 직관 5할 타자입니다.

2024년 9월 4일 기준, 59전 30승 27패 2무. 특히 한화 이글스와의 경기는 6전 6승입니다. 그 기세를 몰아 9월 13, 14, 15일 3일 연속 한화와 롯데의 경기를 보러 가기로 했습니다. 9전 9승 0패 가능할까요? 이걸 해낸다면 롯데는 저에게 무료 티켓 정도는 줘도 된다고 봅니다.

편지를 읽다가 울컥하는 순간이 있었어요. 저 역시 대학원과 직장을 다니며 오랫동안 막내였던 터라 공감되었거든요. 리더가 되고 싶은 마음도 있지만 솔직히 무섭습니다. 책임진다는 걸 의미하니까요. 하지만 기대도 있습니다. 막내를 충분히 겪었기에 중간 관리자의 역할을 이해하고 언젠가는 좋은 리더도 될 수 있을 거라고요.

막내 역할에 익숙해지고 베테랑이 되었다는 건 이미 한 역할에 대해 완벽히 숙지했다는 말로 들립니다. 드리 님은 중간 관리자가 될 준비를 마쳤습니다. 저 역시 막내에 이어 중간 관리자, 리더의 역할을 제대로 책임지고 해내는 사람이 되고 싶어요.

물론 아직 부족한 점이 많습니다. 야구장에서는 승패에 감정이 널뛰는 관중입니다. 집에서는 어떻게 효도할까 고민하다가 결국 속만 썩이는 아들이고요. 친구들에게는 철없는 녀석, 직장에서도 아직 배울 게 너무나 많아요. 언젠가 여러 능력을 두루 갖춘 사람이 되고 싶습니다.

그럼 9월 13일 금요일 6시 반, 사직 야구장에서 만나요. 이번에는 절대 지각하지 않겠습니다. 1시간 일찍 도착할 거예요!

from. 주니

4장

가을야구, 가느냐 마느냐
그것이 문제로다

	1	2	3	4	5	6	7	8	9	10	11	12
Dri	0	0	0	0	0	0	0	0	0	0	0	0
Joonie	0	0	0	0	0	0	0	0	0	0	0	0

B ○○○ S ○○ O ○○ H ○ E ○ FC ○

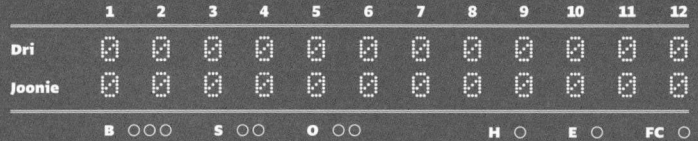

Dri	▲	**직관을 가는 건**
Joonie	**1**	**관성 때문일까요?**

이번에는 러닝입니다

B ●●●
S ●●
O ●●

　　　　　편지를 쓰는 지금은 평소 같으면 저울 위로 올라가는 게 두려운 추석 연휴 직후입니다. 하지만 이번에는 몸무게를 재는 게 전혀 두렵지 않습니다. 연휴 동안 야구장에 세 번 갔거든요. 체감온도가 거의 38도에 육박하는 폭염 속 낮 경기였는데요. 응원하면서 방방 뛰지 못했는데도 온몸이 땀으로 젖다 못해 절여지는 시간이었습니다. 물을 그렇게 마셨는데 화장실을 한 번도 안 간 걸 보면, 땀을 정말 많이 흘렸던 것 같아요.

　3연전 직관을 하면서 너무 무리한 탓에 아프면 어쩌나 걱정하며 추석을 보냈어요. 누가 시킨 것도 아닌데 왜 이렇게까지 열과 성을 다할까요? 혹시 관성 때문은 아닐까요?

살다 보면 특별한 이유 없이 열심인 것들이 생기곤 합니다. 그냥 하다 보니 관성이 생겨 멈추지 않은 것도 있고, 오랜 시간 해 온 게 아까워서 이어 가는 경우도 있습니다.

제 경우는 러닝이 그러했어요. 처음에는 살을 빼고 싶어서 시작했어요. 학창 시절, 불어난 체중 때문인지 조금만 오래 걸어도 무릎이 아팠거든요. 잠이 많아져서 공부에 집중하기도 어려웠고요. 그래서 선택한 방법이 줄넘기와 달리기였습니다. 우선 줄넘기 천 개를 목표로 하고, 줄이 발에 걸릴 때마다 주차장을 뛰었어요. 나름의 규칙을 세워 뛰는 거리를 늘리면서요. 처음 걸리면 한 바퀴, 두 번째는 세 바퀴(1+2), 세 번째는 여섯 바퀴(1+2+3), 그렇게 여덟 번째 걸렸을 때는 서른여섯 바퀴(1+2+3+4+5+6+7+8)를 뛰고 있었습니다.

결과적으로 다이어트에 성공했습니다. 한 달 만에 10킬로 이상 빠졌고, 자신감도 얻었어요. 스스로 정한 규칙을 한 번도 어기지 않고 다 뛰어 냈는데요. 계속 저런 (무식한) 방법으로 달린 건 아니에요. 줄넘기 천 개를 하는 동안 세 번 이내로 걸릴 정도로 체력과 집중력이 좋아졌거든요.

그렇게 시작된 러닝은 이후에도 계속되었습니다. 처음 달릴 때는 '이것도 못 뛰면서 힘든 세상을 어떻게 헤쳐 나갈 수 있겠어? 멈추지 마!' 이런 마음가짐이었는데, 어느 순간부터는 스스로 기록을 깨는 재미로 달렸습니다. 지금도 시간을 내어 달리고 있습니다. 얘기하지 않았던 취미 중 하나인데요. 꾸준히는 아니지만 그런대로 잘 이어 오고 있습니다.

사실 러닝을 하는 데 고민이 있었어요. 바로 감기. 달릴 때 숨이 차서 입으로 호흡하게 되면 기관지가 건조해지고, 이내 감기로 이어지더라고요. 그래서 러닝 고수인 친구에게 조언을 구했습니다.

"나 매번 감기로 앓아눕는 바람에 계속 뛰지를 못해."

"너 목표 거리를 정하고 그거에 맞춰 죽어라 뛰는 타입이지?"

"어? 어떻게 알았어?"

친구는 '거리주'가 아닌 '시간주'를 추천해 주었어요. 즉, 정해진 시간 동안 일정한 페이스로 달리는 거죠. 그리고 케이던스(1분 동안 발을 구르는 횟수)를 180으로 맞추면 무릎에 무리가 덜 간다는 얘기도 해 줬어요. 친구의 말대로 방법을 바꿔서 달린 결과, 지금은 45분에 8km를 뛰게 되었고, 무엇보다 이전처럼 감기로 앓아눕는 일이 사라졌어요. 목이 아프긴커녕 개운한 기분만 남더라고요. 그저 달려 오던 대로 달릴 뿐, 방법을 달리할 생각은 하지 못했는데요. 십수 년을 해 오던 달리기의 매력을 새로이 느끼는 중입니다.

  앞서 직관을 가는 것도 관성 때문이 아닐까 하고 얘기했죠. 몇만 명이 대기 중인 예매 경쟁을 뚫고, 유니폼과 응원 도구를 챙겨 경기장으로 이동하고, 먹을거리를 준비하고… 꽤 많은 과정을 거치지만, 별 고민 없이 그저 하던 대로 하는 거죠. 게다가 야구장에는 러닝과는 비교할 수 없는 짜릿함이 있으니 더더욱 멈추지 않게 돼요. 그래서 우리가 추석 연휴를 야구장에서 보냈나 봅니다.

  생각보다 무의식적으로 관성에 의해 하는 것들이 많아요. 가끔은 처음 가졌던 목표와 목적을 다시 떠올려 보는 것도 좋겠어요. 마지막으로 이번 달 말에는 10km 마라톤에 나간다는 소식을 전하며 편지를 닫습니다.

from. 드리

| Dri | **2** | **폭염주의보의 3연전,** |
| Joonie | ▼ | **결국 다 가고 말았습니다** |

B ●●●
S ●●
O ●●
누구를 위한 오후 2시 경기인가

반갑습니다. 그리고 반가웠습니다. 드디어 함께한 9월 13일 직관은 정말 즐거웠습니다. 드리 님 덕분에 예매 경쟁을 뚫고, 만원 관중의 사직에 입성할 수 있었죠. 유니폼, 응원 도구, 얼음물에 부채를 챙기고, 선크림도 듬뿍 발랐습니다. 메뉴는 닭강정과 생맥주를 골랐고요. 직관의 정석대로 잘 준비한 하루였습니다. 닭강정에 맥주는 실패할 수 없는 조합이지만 함께 먹으니 더더욱 맛있더군요. 승리하면 기분 좋게 한잔, 패배하면 슬픔에 한잔이라는 직관 기본 공식에 맞추어 마무리까지 완벽한 하루였습니다.

저도 드리 님과 함께한 9월 13일은 물론 14, 15일까지 한화와의 3연전에 모두 다녀왔습니다. 14일은 12:9로 아슬아슬하게 승리, 15일은 16:9로 시원하게 승리했습니다. 대승을 거둔 15일에는 이전에 8:0으로 롯데가 1점조차 내지 못한 경기를 봤던 친구를 데려갔기에 더욱 의미 있었습니다. 친구는 롯데가 1점을 내기가 무섭게 내리 6점을 내주자 집에 가고 싶다며 툴툴댔지만, 이번에는 한 회에 무려 9점을 몰아치자 "이게 야구지!"라며 환호했습니다. 그날 〈부산 갈매기〉부터 〈아파트〉, 〈여행을 떠나요〉까지 승리의 응원곡이 쉴 새 없이 울려 퍼졌습니다. 친구가 2025년에도 야구장에 가자고 벌써부터 조릅니다.

3연전 중 이제 남은 건 하나네요. 드리 님과 함께한 13일의 경기 결과 말입니다. 경기 초반에는 선발 박세웅의 안정적인 투구로 승리를 예감했습니다. 하지만 여기서 큰 실수를 저질렀습니다. "설마 완봉승?" 이걸 마음속으로만 품었어야 했는데, 입 밖으로 꺼낸 거죠. 말하기가 무섭게 6회 2점, 7회 5점을 시원하게 내주며 패배했어요. 너무 아쉽습니다. 특히 7회초 유격수의 실책을 시작으로 와르르 무너진 참사였습니다. 그날의 에러는 단 하나였습니다. 하지만 그 하나가 눈덩이처럼 불어나 결국 눈사태를 일으킨 거죠.

문제는 이런 경기가 이번만이 아니란 겁니다. 7월 12일 KT

전에서도 롯데는 안타 13개를 치고도 에러 3개를 범해 5:4로 졌습니다. 배가 넘는 안타를 치고도 진 거예요. 에러가 승부를 결정짓는다는 걸 보여 준 대표적인 경기입니다.

단 하나의 에러로 이길 가능성이 있던 경기를 맥없이 놓치게 되는 게 야구고, 그게 2024년 자이언츠의 가장 큰 문제였다고 봅니다.

한편 울산 문수 야구장에서의 경험도 잊기 어렵습니다. 문수 야구장은 자이언츠의 또 다른 구장인데, 이곳에서 1년에 여섯 번의 경기가 열립니다. 비난하는 소리가 선수들 귀에 들릴까 봐 조심하게 될 정도로 다소 아담한 구장입니다. 제가 문수 야구장에 간 건 7월 17일, 빛 더 레이예스(본명은 빅터 레이예스인데, 빛처럼 멋진 존재라 저는 이렇게 부릅니다)가 끝내기 만루 홈런을 쳐서 승리한 날입니다.

이날 특이한 경험을 했습니다. 저는 커피를 마시면 화장실에 자주 갑니다. 거기에 맥주까지 마시면 계속 들락날락합니다. 그런데 이때는 물도 엄청나게 마셨는데 화장실에 단 한 번도 가지 않았어요. 수분 섭취보다 땀 배출이 더 많았기 때문이죠. 그만큼 더웠다는 얘깁니다.

실제로 KBO 역사상 처음으로 경기가 '폭염 취소'된 곳도 여기, 울산이었습니다. 8월 2일, 지면 온도가 섭씨 50도까지 올라가 경기가 취소됐고, 다음 날 경기에서는 롯데가 LG에게 8:3으로 승리하긴 했지만, 양 팀 선수들의 상태가 좋지 않았습니다. 다수의 선수가 탈진하고, 일부는 구토에 탈수로 링거를 맞는 일이 벌어졌습니다. 이겼다는 소식이 썩 유쾌하지 않았던 건 이때가 처음이었던 것 같아요. 승패보다 먼저 떠오른 건 건강이었지요.

우리가 경기장을 찾은 9월 13~15일 역시 폭염경보가 내려졌던 시기였습니다. 특히 14일과 15일은 오후 2시 경기였기에, 땀이 폭포처럼 쏟아지는 더위 속에서 야구를 봤죠. 실제로 사직 야구장에서는 23명의 관중이 온열질환을 겪었고, 다른 날엔 40명이 넘는 환자가 발생했습니다.

야구에서 에러가 생길 수 있습니다. 아쉬운 일이지만 이미 벌어진 일을 어찌하겠습니까? 에러가 발생하지 않도록 거듭된 연습을 하는 것도 중요하겠고, 무엇보다 대처 방법을 찾고, 빠르게 해결하는 것이 중요하겠지요.

저는 9월이라고 무조건 2시 경기를 진행하는 건 큰 문제가 있다고 생각했습니다. 선수나 관중의 건강이 몹시 걱정되는 상황이었어요. 다행히 KBO는 문제를 인식하고 9월 18일부터 오후 5시로 경기 시간을 바꾸고, 2025년에는 7~8월 주말 경기 시간을 오후 6시로 조정한다고 밝혔습니다. 9월부터의 경기는 기상 상황을 고려하여 논의하기로 하고요. 더 빨랐다면 좋았겠지만 지금이라도 이런 변화의 움직임은 반갑습니다.

관성이 나쁘다고 생각하지는 않습니다. 다만 무조건적인 관성보다는 고칠 점을 인지하고 바꿀 줄 아는 용기가 중요하죠. 그런 의미에서 저는 드리 님의 빠른 실행력이 늘 멋지다고 생각합니다. 올해의 KBO는 늦었지만 움직였고, 이제는 롯데 자이언츠 차례입니다. 실책을 줄이는 게 내년 시즌의 핵심 과제가 되어야 하겠지요. 얼마만큼 나아진 모습을 보여 줄지 내년에 함께 확인해요.

from. 주니

Dri	▲	**실책은 싫지만**
Joonie	**3**	**실수를 이해합니다**

B ●●●
S ●●
O ●●

밴드 공연이 떠올라 버렸습니다

이번 시즌 승리 요정을 꿈꾸었던 드리입니다. 결과는 5승 5패, 승요라기엔 애매한 성적입니다. 그래도 전반기 1승 4패로 시작해서 후반기 4승 1패로 마무리하였으니, 세미 승요라고 불러도 되지 않을까요?

그중 귀한 후반기 1패는 우리가 함께한 경기였죠. 연휴 내내 경기장에 출석한 덕에 체력과 정신력이 모두 바닥나 버렸습니다. 특히 낮 경기의 폭염은 상상 이상이었고, 심지어 우리가 함께 본 날은 저녁 경기였는데도 바로 옆에서 관중이 쓰러지는 모습까지 목격했습니다. 그렇게 푹푹 찌는 와중에 속이 뒤집, 아니 경기가 뒤집혔으니 기억이 생생히 남을 수밖에요.

이전에 주니 님이 종종 메이저리그급 수비를 선보인다며 극

찬한 박승욱 선수가 9월 13일 경기에서는 뼈아픈 실책을 했습니다. 그 실수가 경기 흐름을 완전히 뒤바꾸었고요. 사람이 어찌 매번 잘할 수만 있겠습니까? 게다가 144경기를 거의 풀타임으로 소화하는 선수들은 피로가 상당히 쌓인 상태일 것입니다. 다시 치고 올라가야 하는 순간이었기에 솔직히 아쉬움은 컸습니다. 그러나 한편으로는 이해되는 마음도 있었습니다. 얼마 전 공연을 준비하며 비슷한 경험을 했거든요.

  이번에는 신촌에서 보컬 중심의 공연을 했습니다. 저는 〈사랑이 잘〉, 〈그라데이션〉, 〈피노키오〉 세 곡을 맡았는데 실수가 많았습니다. 특히 〈사랑이 잘〉을 부르는 중에는 가성 부분에서 시원하게 음이 나가 버렸습니다. (이 글을 볼지 모르겠지만 듀엣으로 노래를 부른 분에게 다시 한번 사과의 말을 전합니다.) 가성 부분이 안 나온 적은 전날 과음을 했을 때 빼고는 없었는데요. 공연을 한 주 앞둔 시점부터 가성이 흔들리기 시작했어요. 마치 야구 선수가 겪는 **입스**처럼요. 다른 두 곡에서도 실수 연발이었습니다. 호응을 유도하다 한 음절을 놓치기도 했고, 첫 소절 음을 틀리기도 했어요.

  공연이 끝난 후 아쉬움을 뒤로하고 치킨과 맥주를 먹으며 후련한 마음을 나누었습니다. 그러다 자연스럽게 노래가 시작되었습니다. 저도 즉석에서 〈좋은 밤 좋은 꿈〉과 〈알루미늄〉을 불렀는데요. 왜 필살기를 감춰 두고 안 꺼냈냐며 오히려 공연보다 더 좋은 반응이었어요. 아마 부담 없이 즐기며 불렀던 게 듣는 사람에게도 편안하고 좋았던 것 같습니다.

 이후 다시 노래 연습을 시작했고, 다행히 가성에서의 입스도 괜찮아졌습니다. 참고로 공연 이후 〈사랑이 잘〉은 '노래가 잘'이라고 부르고 있어요. '사랑이 잘 안돼~'라는 가사처럼 그날은 정말 노래가 잘 안됐거든요.

 야구도 마찬가지 아닐까요? '자이언츠 너거는 프로 아이가! 아마추어 밴드랑 비교하면 안 되지'라고 하면 그 또한 맞습니다. 하지만 프로도 실수를 전혀 안 할 수는 없습니다. 중요한 건 그걸 어떻게 받아들이고 넘어가느냐는 거죠. 야구는 흐름의 스포츠니까요. 실책 하나하나가 경기에 영향을 끼치긴 하지만, 어떤 실책은 영향을 끼치는 걸 넘어 경기 전체의 분위기를 완전히 바꿔 버리기도 합니다. 팬인 우리가 느끼는 걸 선수가 못 느낄 리가 없죠. 오늘은 그 막막한 심정을 공감해 주고 싶었습니다.

 올해 자이언츠는 실책이 많았습니다. 하지만 내년은 다를 거라고 믿습니다. 실수가 반복되면 실력이라는 말도 있지만, 그건 반대로 실수를 바로잡아 실력을 끌어올릴 가능성도 있다는 뜻이니까요. 저는 라이트한 팬으로서 욕심을 조금 내려놓고, 다가올 시즌을 기대하며 응원할 생각입니다. 그래도 우리가 직관을 할 때만큼은 좀 이겼으면 좋겠네요.

from. 드리

야구 토막 상식

입스
공을 원하는 방향으로 던지지 못하는 심리적 증상

| Dri | **4** | *단 9%,* |
| Joonie | ▼ | *고작 0.4초* |

포기하지 않고 증명하는 것만이
이기는 길

투수 마운드에서 홈 플레이트까지 18.44m. 투수의 보폭을 빼면 16.76m. 시속 150km에 가까운 공이 포수 미트에 도달하는 데 걸리는 시간은 단 0.4초. 타자가 공을 인식하고, 뇌가 스윙을 지시하고, 실제로 스윙을 완료하기까지 남는 판단 시간은 겨우 0.125초. 이 모든 게 눈 깜짝할 사이에 벌어집니다.

통산 100승을 달성한 두산 베어스의 좌완 투수 유희관은 시속 80km도 안 되는 슬로우 커브를 던졌고, 메이저리그의 투수들은 150 후반에서 160km/h의 빠른 공을 던지기도 합니다. 그 밖에 슬라이더, 커브, 체인지업, 포크볼, 너클볼 등 다양한 구종이 있지요.

그 짧은 시간 안에 수많은 가능성을 예측하고 반응해야 하기 때문에 타자들이 삼진을 당하나 봅니다.

그럼에도 불구하고 어떤 타자들은 0.4초의 승부를 기적처럼 해냅니다. 예컨대 2024년 메이저리그를 휩쓴 오타니 쇼헤이가 있습니다. 2024년 10월 14일 기준 그의 메이저리그 성적입니다. 안타 197개, 홈런 54개, 타점 130점, 타율 0.310, 도루 59개, OPS 1.036. 이는 안타 2위, 홈런 1위, 타점 1위, 타율 2위에 해당합니다(내셔널리그 기준). 투수와 타자 두 분야에서 활약하다가 올해는 타자로만 뛰었는데 그야말로 퍼펙트 플레이어였죠. 그런데 퍼펙트 플레이어라고 칭하는 오타니 쇼헤이가 아니더라도 1군에서 꾸준히 뛰는 것 자체가 얼마나 어려운 일인지 우리는 종종 잊곤 합니다.

2025 KBO 신인 드래프트에는 총 1,197명이 지원했습니다. 그중 지명된 건 단 110명, 9%뿐입니다. 그러나 지명된 것은 새로운 시작에 불과합니다. 거기서부터 진짜 경쟁이 시작되지요. 이미 1군에서 자리 잡은 선배들과의 경쟁에서 살아남아야 합니다. 그렇지 못하면 2군으로 가고, 그곳에서도 끊임없이 자신의 실력을 증명해야 합니다. 남은 건 방출이니까요.

이처럼 프로야구의 세계는 냉혹한 곳입니다. '실수가 반복되면 실력'이라는 말도 있듯, 2024년 롯데의 실책은 실력이었는지도 모르겠습니다. 총 123개로 전체 2위입니다.

아무리 뛰어나더라도 디테일을 놓친다면 절대 1군에서 살아남지 못할 겁니다. 그래도 이해합니다. 우리 역시 실수하니까요. 아무리 프로라도 틀릴 수 있으니까요. 단, 틀린 뒤에 어떻게 증명하느냐가 중요하다고 믿습니다.

이 생각은 야구 예능을 보면서 더 굳어졌습니다. "우리가 지면 제작진 200명, 그 가족들한테까지 다 피해가 간다"는 김성근 감독의 말은 프로라는 무게를 다시금 일깨웠습니다. 프로는 결과로 증명해야 하니까요.

경기에서 이겨야만 살아남는 프로의 세계, 그 뒤편엔 지명받지 못한 수많은 이들의 좌절도 존재합니다. 1,197명이 신인 드래프트에 지원했고, 110명이 지명되었습니다. 그렇다면 나머지 1,087명은 어떻게 되었을까요? 프로에 가지 못한 그들을 생각하게 된 것도 야구 예능을 통해서였는데요. 방송에 나온 한 선수는 '꿈과 현실을 따져 가면서 진지하게 생각해 봐야 할 것 같다. 하지만 야구하고 싶은 쪽이 더 큰 것 같다. 이렇게 포기하려고 지금까지 해 온 건 아니니까'라고 말합니다. 그의 진심 어린 말은 야구뿐 아니라, 꿈을 좇는 모든 이들의 마음을 대변해 주었습니다.

저 역시 마찬가지입니다. 중학생 때부터 그리던 꿈이 있었고, 이를 열심히 그려 나갔지만 실패했습니다. 20살부터 23살까지 4년간을 누구보다 치열하게 보낸 결과, 마침내 간직했던 꿈에 도달할 수 있었습니다. 다시 그때처럼 살 수 있을까 저조차 확신할 수 없을 정도로 노력하기도 했지만 운도 따라 주었기에 좋은 결과가 있었다고 생각합니다. 그래서 더더욱, 포기하지 않고 나아가려는 사람들을 응원하게 됩니다.

야구는 끝날 때까지 끝난 게 아니며, 삶도 그러합니다. 낮은 확률, 짧은 시간에도 포기하지 않고 나아가는 것. 그게 결국 이기는 길임을 증명해 주는 사람들이 있으니까요.

야구를 위해 살아가는 이들, 야구가 아니더라도 꿈을 꾸고 이를 향해 달려가는 모든 이들에게 이 말을 바칩니다. 희박한 확률과 제한된 시간에 굴복하지 말고 포기하지 않기를 바랍니다.

'고난과 역경이 오더라도 언제나 변함없이 우리는 이곳 이 자리에서 승리를 외친다.'

from. 주니

Dri	▲	**포기하고 싶던 순간,**
Joonie	**5**	**야구를 떠올렸습니다**

B ●●●
S ●●
O ●●

달리기와 프로야구의 공통점

        오랜만에 포기라는 단어를 떠올렸습니다. 끝이 정해져 있다는 걸 알면서도 멈추고 싶었습니다. 앞서가던 사람들을 하나씩 추월하고 있었지만, 그건 중요하지 않았습니다. 달리기는 결국 나와의 싸움이니까요. 어느 순간 편해지고 싶다는 유혹 한 방울이 마음속에 톡 떨어졌고, 전신으로 퍼져 나갔습니다. 끝이 보이지 않는 터널에 들어섰습니다. 크게 심호흡을 하며 잠시 눈을 감았습니다. 한 걸음, 한 걸음이 천 근처럼 느껴질 때 귓가를 때리는 소리가 들렸습니다.

"화이팅! 다 와 갑니다!"

메아리처럼 울리는 외침이 나에게, 뒷사람에게, 그 뒷사람에게 전달되었습니다. 점점 멀어지다 더 이상 닿지 않을 무렵 터널을 빠져나왔습니다. 시원한 바람이 머리 위에 쌓여 있던 열기를 거두어 갑니다. 아, 내리막입니다. 완만한 내리막길이지만, 속도가 붙을 만큼의 경사입니다.

'하나, 둘, 셋. 둘, 둘, 셋.'

되뇌던 구령 대신 '화이팅!'을 속으로 외칩니다. 호흡이 가빠서 말로 내뱉기에는 벅찼으니까요. 말 대신 손뼉을 크게 세 번 쳤습니다. 일정하게 휘젓던 팔로 박수를 쳤더니 잠시 페이스가 흔들렸지만, 곧바로 다시 구령을 이어 갑니다.

'하나, 둘, 셋. 둘, 둘, 셋.'

눈치챘나요? 이번주에 저는 버킷 리스트 중 하나인 마라톤에 참가했습니다. 10km 부문, 기록은 52분 56초로 완주하였지요.

달리기는 흔히 장비가 필요 없는 운동으로 여겨지지만, 사실 러닝을 위한 인프라가 필요합니다. 신호에 걸리지 않고 뛸 수 있는 공간, 즉 운동장이나 공원 등이 있어야 뛰기 용이하니까요. 저는 한적한 지방에 살고 있어서, 자전거와 사람이 많지 않은 인도를 주로 달립니다. 준비물은 러닝화 하나로도 충분하지만 압박 레깅스, 보호대 같은 부수적인 장비도 갖추면 좋습니다. 그래도 다른 취미에 비하면 진입 장벽이 낮고 가볍게 시작할 수 있지요. 무엇보다 오롯이 '나'를 마주할 수 있다는 점이 달리기의 가장 큰 매력입니다. 그래서인지 언젠가부터 러닝 열풍이 불고 있습니다.

    최근 러닝만큼이나 폭발적인 인기를 누리는 게 바로 프로야구입니다. 특히 직관 문화가 대중에 널리 퍼지면서 KBO는 새로운 팬층 유입에 성공했지요. 야구 예능의 인기도 한몫했고요. 무엇보다 야구는 가심비가 좋은 문화생활입니다. (구장과 좌석별로 차이가 있지만) 1만 원대의 입장료로 3~4시간을 즐길 수 있고, 응원 문화는 다른 무엇과도 비교할 수 없는 흥을 제공합니다.

    문제는 예매입니다. 암표상은 사라졌지만, 웃돈을 붙여 되파는 문화는 여전합니다. 라이트한 팬이라 자처하는 저조차도 예매 전쟁 통에 웃돈을 주고라도 살 수 있는 환경인 걸 다행으로 여기는 순간이 있습니다. 그러나 이 모든 불편함을 감수할 만큼 현재 한국 프로야구는 꽤나 반가운 부흥기입니다.

    물론 자이언츠의 부흥기는 아직 아닌 것 같지만요. 그래도 시즌 마지막 경기를 승리로 마무리했습니다. 그 한 경기 덕분에 자이언츠는 '1연승'의 기록을 5개월간 유지할 수 있습니다. 2025년 새로운 시즌이 시작될 때까지 패배는 없습니다.

첫 마라톤의 마지막 2km를 남기고는 정말 주저앉고 싶었습니다. 그런데 1km를 남기고 결승선이 다가오자 바닥났던 에너지가 폭발하듯 솟아났습니다. 응원하는 소리에 보폭을 넓히며 질주했습니다.

자이언츠는 충분히 좋은 경기력을 가지고 있습니다. 중요한 순간에 힘을 내지 못했던 점이 아쉬움으로 남았어요. 힘을 내어 딱 한 발만 더 내디뎠으면 좋겠습니다. 그 한 발을 위해 '화이팅!'을 외치는 팬들의 응원이 끊임없이 메아리치고 있으니까요. 그리고 그 한 발 뒤에는 시원한 바람을 맞으며 속도를 내고 달릴 수 있는 내리막길이 기다리고 있을 거라 믿습니다.

from. 드리

| Dri | **6** | *야구장의 모든 게 좋습니다,* |
| Joonie | ▼ | *야구만 빼고요* |

B ●●●
S ●●
O ●●
중증입니다. 야구 말이죠

　　　　　밤하늘이 참 맑습니다. 한밤중에도 불빛 가득한 부산에서는 별빛으로 수놓인 하늘을 보긴 어렵지만, 그럼에도 불구하고 가을의 기운을 가득 담은 하늘은 더없이 상쾌합니다. 특히 야구장에서 보면 기가 막힙니다.

　사직 야구장은 언제나 사람들로 가득합니다. 야구의 도시, 부산이라는 이름에 걸맞게 정말 많은 사람들이 사직을 찾아요. 아이들은 야구장 곳곳을 뛰어다니고 가족, 연인, 친구들이 시원한 맥주 한잔에 힘찬 응원을 더하며 분위기는 더욱 고조됩니다. 조지훈 단장님과 응원단에 맞춰 소리 지르고 흔들다 보면 스트레스는 날아가고, 덤으로 다이어트도 따라오지요. 그뿐인가요? 환승 야구부터 사직 노래방, 키스타임, 댄스타임 등 사직은 보는 야구 그 이상을 제공합니다.

이런 사직 야구장을 올해만 40번 찾았습니다. 그중 17번을 졌고요. 여러 종류의 패배를 목격했고, 다양한 희망 고문도 겪었습니다. 4:3으로 쫓아가는 상황에서 만루를 만들었는데 타율 0할대의 선수가 타석에 섰다가 그대로 끝, 상대보다 안타를 배로 쳤지만 에러를 내서 5:4로 경기 종료, "설마 완봉승?"이라는 말이 무더기 에러를 소환하며 패배한 (우리가 함께 본) 경기도 있었지요. 희망을 주었다가 냉큼 빼앗아 간 날, 처음부터 끝까지 도저히 이길 것 같은 느낌이 들지 않는 날에는 '야구 빼고' 모든 게 즐겁습니다.

솔직히 야구는 가성비 좋은 취미입니다. 1루 내야 상단석 기준으로 평일 13,000원, 주말 17,000원 정도니까 술 한잔하는 값보다 저렴하게 서너 시간을 즐길 수 있죠. 그런데 절망적인 패배를 목격하며 폭염 속에서 땀을 뻘뻘 흘리고 있으면 생각이 바뀌기도 합니다. '집에서 치킨에 드라마 보는 게 낫지 않을까?' 하는 회의감이 드는 거죠. 그러면 이런 생각으로 다시 스스로를 위로합니다. '찜질방에 왔다고 생각하자. 땀을 쭉 빼고 가는 거야!'

저의 롯데 증후군 말기 진단은, 갑자기 내린 비로 경기가 취소된 날 확정됐습니다. 일기예보는 비가 올 거라고 했지만, 하늘은 맑았습니다. '일기예보가 틀렸군' 건방을 떨며 우산도 없이 야구장에 갔는데, 햄버거를 사서 자리에 앉는 순간, 마법처럼 비가 쏟아졌습니다. 그날은 내야에서도 좋은 자리를 예약했는데, 경기가 정말 잘 보이는 자리였는데, 비에 쫄딱 맞은 햄버거를 보며 내 마음도 슬픔에 젖었습니다. 지친 마음을 달래고자 고깃집으로 향했습니다. 지글지글 고기를 구워요. 육즙 가득 잘 구워진 고기를 입에 넣었지만 고기 맛이 잘 느껴지지 않습니다. 우물우물 씹으며 속으로 외쳤습니다. '비 오는 날도 야구를 보게 하라! 돔 구장을 만들라!' 여기서 웃긴 게 뭔지 아나요? 비가 오면 조용히 집에 가서 놀면 되지, 야구 취소되었다고 화내고, 좋아하는 고기를 먹으면서도 슬픔에서 헤어나지 못하다니요. 제가 중증의 롯데 증후군이라는 걸 깨달았습니다.

더 큰 문제는, 이제 티켓 예매조차 쉽지 않다는 겁니다. 당일 현장 구매도 어렵고요. 그래서 요새는 예매할 때마다 실패할까 봐 심장이 쿵쾅거리고 손이 떨립니다. 이 정도면 말기죠.

2024년 가을야구는 우리 것이 아니었습니다. 다른 팀들이 한국시리즈를 치르고 있을 때, 저는 그 모든 과정을 편안하게 지켜봤습니다. 누가 이기든 전혀 상관없으니까요. 다른 팀들의 가을야구를 보면서 알았습니다. 야구를 안 보면 화날 일이 없다고 말하면서도, 막상 안 보면 그립다는 것을요.

  2024년의 롯데를 돌이켜 보면 똥 맛 같은 패배도 많았지만, 고급 요리 같은 승리도 안겨 주었습니다. 예상을 뒤엎는 역전승, 연속 홈런, 끝내기 만루포, 10위일 때 1위 팀을 상대로 **스윕**을 성공한 날도 있었지요. 직관 40번 중 21번은 승리였습니다. 도무지 예측할 수 없는 기복이 야구의 묘미이기도 하겠지요.

  레이예스의 202안타와 함께 1승으로 시즌을 마무리한 롯데. 이제 2025 시즌까지 남은 건 5개월. 그 기다림의 시간은 드리 님이 경험한 마라톤의 마지막 2km와 같지 않을까 싶습니다. 포기하고 싶을 만큼 멀게 느껴지지만, 에너지를 끌어모아 한 발 한 발 내디디면 결승선이 보일 거라고요. 올해의 트레이드와 FA, 드래프트된 선수들의 성장, 기존 선수들의 변화가 어떻게 흘러갈지 함께 지켜보기로 해요. 그리움을 기대로 전환하면서요.

from. 주니

 야구 토막 상식

스윕
같은 팀을 상대로 하는 연속 경기에서 모두 이기는 일

Dri	▲	**야구공을 도둑맞은 날과**
Joonie	7	**새로운 시작**

B ●●●
S ●●
O ●●

**최다 안타와 명장이 있는 팀.
그런데 몇 등이라고?**

'주인공은 아니었지 / 누구의 시점에서도'

아버지에게 선물받은 카포를 두 번째 칸에 꽂고, 왼손으로 C코드를 잡고, 오른손에 쥔 피크로는 야무지게 현을 긁으며 노래가 시작됐습니다. 빠른 리듬, 흥분된 심박수, 살짝 갈라지는 목소리를 지나 클라이맥스에 다다랐습니다. 직접 편곡한 아웃트로까지 마치고 드럼에 맞춰 모든 악기가 한 음에 모이자 객석에서 박수가 쏟아졌습니다.

많은 계열사가 함께하는 페스티벌에 참여했습니다. 연초에는 전혀 예상하지도, 계획하지도 못한 무대였습니다.

사실 저는 밴드를 할 생각이 없었어요. 시작은 단순한 오해였습니다.

"선배, 사택 옆에 동호회실 있는 거 알아요?"

"응, 알지. 왜? 관심 있어?"

"선배, 기타 치는 거에 관심 있어요?"

"응, 관심 있지."

"노래 부르는 것도 좋아한다고 했죠?"

"응, 왜? 혼자 가기 좀 그러면 같이 가 줄까?"

"네!"

제가 생각했던 건 통기타 동호회였는데, 후배가 안내한 곳은 밴드 동호회였습니다. 어쩐지 후배가 먼저 도착해서 사람들과 인사를 나누고 있다고 했는데, 도착해 보니 통기타 동호회는 문이 굳게 닫혀 있더라고요. 후배에게 이미 제 소개를 들은 사람들은 너무나 자연스럽게 저에게 "보컬이랑 기타를 하신다고요?"라며 인사했고, 그렇게 후배의 취미를 지원하려고 들렀다가 갑자기 밴드 생활이 시작되었습니다.

주니 님은 첫인상을 잘 기억하는 편인가요? 처음 야구를 본 순간은 생각나나요? 저는 잘 기억하지 못합니다. 그런데 아버지와 함께 야구장에 갔던 그날의 기억만은 선명합니다. 정확히 언제였는지, 상대 팀이 어디였는지는 가물가물하지만 한 장면만은 뇌리에 깊이 박혀 있습니다.

'땅!' 소리와 함께 타자가 친 공이 하늘 높이 떠올랐습니다. 웅성거림 속에서 누군가 외쳤습니다. "온다! 온다!" 공은 아버지 자리에서 50cm도 안 되는 곳으로 떨어졌습니다. 정확히 아버지의 양손에 말이죠. 어린 저의 두 눈은 이마에 주름이 잡힐 정도로 휘둥그레졌습니다. 그런데 그 순간, 아버지의 손안에 안착한 줄 알았던 공이 '툭' 떨어졌습니다. 그리고 다른 아저씨가 달려들어 그 공을 낚아챘습니다. 우리 아버지가 잡은 공을 옆에서 튀어나온 웬 도둑놈이 가로챈 거죠. (어릴 적 기억에서 그 아저씨는 분명히 도둑놈이었습니다.) 부산의 명물 '아주라'가 시작되기 전 도둑놈은 자기 아들 손에 재빨리 공을 쥐어 주었습니다. 당시에는 잘 몰랐던 분하고 억울한 마음이 물밀듯이 밀려왔습니다. 경기가 끝나고 나서도 소리가 귓가를 떠나지 않았습니다. '땅!' 그리고 '툭'.

지금 생각해 보면 아버지는 저를 위해 꽤 용감하게 공으로 손을 뻗었던 것 같습니다. 운동을 별로 즐기지 않으셨던 걸로 기억하거든요. 그 공을 제대로 잡았다면 지금도 본가 어딘가에 보물처럼 보관되어 있었겠지요.

2022년, 다시 아버지와 함께 사직 야구장을 찾았습니다. 아버지도 그때를 기억하고 계셨습니다. 더 자세히는 묻지 않았습니다. 어쩌면 아버지에게는 손에서 공을 놓친 아쉬움보다 아들의 실망한 표정이 더 깊게 남아 있을지도 모른다는 생각이 들었거든요. 유니폼을 나누어 입고 야구장에 도착하니 감회가 남달랐어요. 가장 오래된 취미를, 그 시작을 함께한 아버지와 다시 오다니요. 아버지와 함께 온 경기에서 꼭 이기는 걸 봤으면 좋겠다고 말씀드리니 아버지가 대답하셨습니다.

"걱정 마라. 내가 보러 와서 진 적이 한 번도 없다."

승요 아버지 덕분에 우리는 이기는 경기를 보았습니다. 그 옛날, 공은 잡지 못했지만 다시 찾은 날, 우리는 승리를 함께 잡았죠.

올해는 밴드 공연이라는 하나의 도전을 성공했고, 마라톤 참가라는 버킷 리스트도 이루었습니다. 그리고 다시금 깨달았습니다. 끝이라고 여겼던 순간이 새로운 시작이 될 수도 있다는 것을요. 어릴 적 야구장에서 느낀 실망이 지금 제 마음속 야구에 대한 커다란 사랑의 시작점이었던 것처럼요.

여담으로, 공연이 끝난 후 열린 뒤풀이 자리에서 많은 분들이 좋은 이야기를 들려주었는데요. 시작한 지 얼마 되지 않았는데 기타도 노래도, 특히 '멘트'가 참 좋았다고 해 주었습니다.

노래와 노래 사이에 관객과 소통하는 멘트가 무대 경험이 많고 여유 있어 보였다는 칭찬이 감사하면서도 열심히 연습한 노래나 연주가 아니라 멘트로 주목받은 듯하여 기분이 묘했습니다.

그런데 그 묘하게 씁쓸한 감정은 어쩐지 자이언츠와 닮았습니다. 'KBO 단일 시즌 최다 안타(202개)의 레이예스, 170억 FA 영입, 김태형 감독이라는 명장까지 보유한 팀. 그런데 몇 등이라고?' 결과로 증명하지 못한 느낌이 드는 거죠.

공연에서도, 야구에서도 결국 외적인 요소 말고 본질이 가장 빛나야 한다는 생각이 듭니다. 다음 시즌에는 우리 선수들이 본질에 더 가까이 다가가길 응원해 봅니다. 저도 더 멋진 연주를 위해 손가락을 단련하려고요.

from. 드리

8. Manner makes Fan

대놓고 비난받으면 가만있을 사람 누가 있나요?

2023년 8월 1일, 롯데 자이언츠가 NC 다이노스와의 경기에서 역전패를 당하며 4연패에 빠진 날, 경기 종료 후에 벌어진 일입니다. 전준우 선수는 퇴근길에 팬들에게 사인을 해 주고 있었습니다. 그때 술에 취한 팬이 전준우 선수를 향해 욕설을 내뱉었습니다.

"야구나 잘해라, 씨○놈아!"

경호원과 김원중 선수의 만류로 사태를 수습했는데, 그 와중에도 술 취한 사람은 "내가 니한테 언제 욕했노? '사랑해' 했지." 뻔뻔한 말을 이어 갔고, 참다못한 전준우 선수는 "아저씨 같은 사람 때문에 팬들이 욕먹는 거야. 왜 욕을 하냐고 선수한테." 하며 섭섭한 마음을 드러냈습니다.

야구장에서는 이와 비슷한 일들이 심심찮게 벌어집니다.

2018년, 개막 7연패로 롯데의 분위기가 완전 바닥을 찍던 시기죠. 야구장을 나와 퇴근하던 선수들을 향해 박스가 날아옵니다. 박스는 한 선수에게 명중했고, 그 안에서 나온 것은 치킨이었습니다. 치킨을 맞은 선수는 조선의 4번 타자 이대호입니다. 이대호 선수는 박스가 날아온 쪽을 쳐다보다 조용히 자리를 벗어났습니다.

어릴 적 찾은 야구장에서 술을 먹고 고래고래 소리 지르던 아저씨도 기억나네요. "아습아, 제대로 안 하나~." "아습아, 뭐 하노? 그것도 못 치나?" 소주로 병나발을 불던 아저씨. 이런 사람 때문에 소주 반입 금지가 된 것이 틀림없습니다.

의료지원 나간 날, 전준우 선수를 바로 눈앞에서 봤어요. TV에서는 굉장히 날렵해 보였는데, 가까이서 보니 느낌이 많이 달랐습니다. 엄청나게 운동을 한 게 분명한 완벽한 역삼각형의 몸이었습니다. 솔직히 말할게요. 이런 사람한테 한 대 맞으면 그대로 정신을 잃었다가 3주 뒤에 깨어날 것 같아요. 이대호 선수 역시 말이 필요 없지요. 키가 194cm입니다. 마주했을 때 제 위로 머리 하나가 더 있더라고요. 손아섭 선수는 직접 본 적은 없지만 비슷한 느낌이지 않을까요?

이런 선수들을 상대로 욕을 하고, 치킨을 던지고, 고래고래

소리를 지르던 사람들의 용기에 경의를 표합니다. 그러다 한 대 맞으면 어쩌려고 그러는지 모르겠어요. 물론 그런 행동을 할 선수들이 아니라는 걸 알지요. 그걸 알고 막 나가는 건 너무 비겁한 것 같아요.

경기는 경기 그대로 받아들여야 합니다. 선수도 팬과 똑같은 사람입니다. 물론 롯데 자이언츠가 희한한 팀이라는 건 인정합니다. 23:0이라는 터무니없는 경기력을 보여 주기도 하고, 노히트 노런이라는 대단한 기록을 달성하는 날도 있습니다. 야구를 전공한다면 한 편의 논문을 쓰고 싶게 만드는 참으로 신비로운 팀이라고 할 수 있습니다.

스펙터클하게 엉망진창인 롯데를 마주할 때면 이 팀을 사랑하는 마음이 아무리 커도 힘들긴 합니다. 다른 팬들도 같은 마음일 거예요. 하지만 지킬 건 지켜야 합니다. 경기는 경기로 받아들여야 해요.

롯데 팬으로서 매해 아쉬움이 있었지만, 2024년은 유독 아쉽습니다. KBO 단일 시즌 최다 안타의 레이예스와 최고 명장 김태형 감독 보유, FA에 170억 투자 등 구조를 튼튼히 했음에도 불구하고 가을야구 진출에 실패하니 씁쓸합니다.

드리 님, 저는 야구가 좋습니다. 너무나도 좋아요. 어릴 때는 부모님을 따라갔고, 지금은 제가 모시고 가는 야구장입니다. 가족과 친구와 연인과 함께 가며 추억도 차곡차곡 쌓인 곳이고요. 수많은 롯데 팬이 저와 같을 겁니다. 야구를 사랑하고, 롯데를 아끼는 마음 말이죠. 그러니 어떡하겠습니까? 답답하더라도 믿고 기다려야지요. 올해가 아니면 내년, 내년이 안 되면 내후년을 기다려야지요.

차가운 비난 대신 냉철한 비판을 하는 팬이 많아지길 바랍니다. 좋은 야구 문화를 만드는 건 드리 님과 저를 포함한 모든 야구팬의 몫입니다.

from. 주니

PS. 버킷 리스트가 추가되었습니다.

드리 님의 밴드 공연을 보는 거요.

초대해 준다면 맨 앞에서

롯데 짝짝이를 흔들며 응원하겠습니다.

Dri	▲	**우승 못 할 거란 상상과**
Joonie	**9**	**우승의 연관성**

부정적인 상상을 성공의 발판으로

오랜만입니다. 확실히 야구 시즌이 끝났다는 게 느껴져요. 마치 응원단장과 치어리더 앞에서 목이 터져라 응원하던 사람이 포수 뒤 맨 꼭대기 자리에 앉아 텅 비어 있는 조용한 야구장을 내려다보고 있는 기분이랄까요. 그런 기분이 번져 글마저도 차분해지고 있네요.

우리 선수들은 어떻게 지내고 있을까요? 팬들의 환호가 가득하던 운동장을 떠나 이제는 담금질의 시간입니다. 우리는 둘 다 학생들을 대상으로 강연을 했습니다. 400명이 넘는 청중 앞에 선 적도 있는데, 거기서 느낀 긴장감과 환호, 카타르시스는 아직도 가끔 생각날 정도로 강렬한 경험이었어요. 선수들 역시 엄청난 긴장감과 함께 들어서는 운동장에서 좋은 결과를 만들어 냈을 때, 긴장감의 수십 배가 넘는 짜릿함을 느끼지 않을까 생각합니다. 그 짜릿함을 그리면서 성공하는 모습을 상상하고 있겠지요. 온갖 자극적인 것들이 판을 치는 세상에서 유혹을 뿌리치고 어떻게 단련하고 있을지 궁금합니다.

우리도 별반 다르지 않죠. 손바닥만 한 스마트폰 하나에서도 짧고 강한 자극이 끊임없이 쏟아지니까요. 이런 환경을 잠시 벗어나 스스로에게 집중하기 좋은 건 역시 독서입니다. 이 역시 헤비하게 즐기는 분들에 비하면 적지만, 올해도 20권쯤 읽은 것 같네요.

어릴 때는 독서를 공부를 잘하기 위한 사전작업처럼 생각했습니다. 숙제로 여겨서 기억에 남은 것도 거의 없어요. 방금도 20권쯤 읽었다며 뽐내듯 말했지만 여전히 숙제처럼 읽을 때도 있습니다. 지적 허영심을 채우려고 읽을 때도 있고요. 그래도 성인이 되고부터는 독서를 '즐기는 법'도 알게 되었습니다.

독서에 빠진 건 강연을 시작할 무렵이었는데요. 사업 모델을 구상하며 스타트업부터 중견기업 대표들을 만날 기회가 있었습니다. 그런데 그분들이 입을 모아 추천하는 취미가 '독서'였던 겁니다. 그게 동기가 되어 다시 책 읽기를 시작했고, 취직 후 바쁜 일상 속에서도 고요한 몰입을 즐기기 위해 독서를 이어 나갔습니다. 약간의 강제성을 부여하고자 독서 모임도 참여하고 있고요.

최근 모임의 지정 도서였던 이언 매큐언의 《속죄》는 특히 인상 깊었습니다. 상상력이 얼마나 쉽게 현실을 왜곡하고, 삶을 바꿔 놓을 수 있는지를 섬세하게 보여 준 작품이었습니다. 한 참가자가 전한 의견도 기억에 남습니다.

"우리는 보통 상상을 긍정적으로 여겨요. 꿈을 꾸고, 미래를 그리는 일처럼요. 그런데 부정적인 상상도 삶에 영향을 줘요. 때로는 우리 자신을 속이기도 하지요."

어쩌면 우리가 흔히 징크스나 PTSD라고 부르는 것도 부정적 상상이 현실을 지배한 결과인지도 모릅니다.

문득 우리 선수들이 떠올랐습니다. 승부에 영향을 끼친 실수, 팬들에게 야유받은 경험이 그들을 옭아매고 있진 않을까 하는 걱정이 들어요. 그래서 프로 선수 곁에 멘털 코치가 있는 거겠죠. 저에게는 독서가 에너지를 쌓는 시간이 되었듯 선수들도 야구 없는 계절을 잘 보내고 돌아오는 봄에는 프로의 얼굴로 우리 앞에 다시 서길 바라 봅니다. 그리고 그날, 도파민 폭죽은 다시 터질 거예요.

from. 드리

| Dri | **10** | ***역전하느냐 마느냐?*** |
| Joonie | ▼ | ***그것이 문제로다!*** |

B ●●●
S ●●
O ●●

없는 거 없이 다 있는 롯데시네마

　　　　　2022년 9월 11일 일요일, 롯데는 NC에게 3회초에만 무려 7점을 내주었습니다. 안타부터 2루타, 홈런, **볼넷**, **와일드 피치**까지, 3루타와 몸에 맞는 공 빼고 다 나온 이닝이었죠. 하지만 롯데는 포기하지 않았습니다. 이닝마다 조금씩 점수를 쌓아 결국 7:6 턱밑까지 추격했습니다. 그러나 졌습니다. 8회초에 안타, 홈런, 도루, 와일드 피치로 다시 4점을 주며 11:6으로 패하고 말았지요.

　주식의 빨간 곡선과 파란 곡선을 오가듯 감정의 극과 극을 오가며 역전을 눈앞에 두었다가 진 게 이틀 전의 일이었습니다. 그리고 오늘, 비슷한 상황이 다시 한번 벌어지고 있었습니다.

"9회말에 4점차? 이 정도는 가뿐하지."

"그럼. 안타 치고, 치고, 치고, 홈런 때리면 동점이잖아."

"거기에 2루타 때리고, 2루타 한 번만 더 치면 이기는 거고!"

눈치챘나요? 9회말에 안타 다섯 번에 홈런 한 번이면 이긴다는 건 희망에 차서가 아니라 이길 가능성이 없다는 걸 돌려서 말한 겁니다. 이걸 롯데가 진짜로 해낸다면 가을야구에 못 갈 것도 없지요. 그런데 여기서 롯데가 안타 하나를 칩니다. 이어서 볼넷으로 출루하고요. 거기다 3점 홈런이 터집니다. 끝이 아닙니다. 다시 안타, 2루타, 볼넷에 마무리 2루타로 9회말에 4점차를 뒤집고 진짜 역전승을 거둡니다. 믿을 수 없는 일이었어요. 농담으로 던진 말 중에 볼넷만 빼고 거의 그대로 이루어진 겁니다.

이래서 야구를 못 끊습니다. 이 맛을 또 한 번 느끼려고 지는 걸 수없이 보더라도 계속 야구장을 찾게 되니까요.

웹소설 읽는 걸 좋아하는데, 그 이유를 생각해 보니 '사이다 전개'에 있더라고요. 중간에 고구마를 먹은 듯 답답한 순간이 나오더라도 마지막엔 사이다처럼 시원하고 톡 쏘는 해피엔딩입니다.

롯데 팬들은 어느 정도 공감할 거예요. 2024년의 롯데는 사이다도 아니고, 고구마도 아니고, 탄산수였습니다. 김이 빠지고 미지근한 탄산수요. 그래도 미워할 수 없습니다. 10위로 분노와 반쯤 포기로 시작해서 중간에는 치고 올라가며 희망을 가졌다가 결국 가을야구 진출에 실패하며 해탈하게 된, 우여곡절이 많은 시즌이었습니다. 희로애락을 모두 실은 감정의 롤러코스터였어요. 맛으로 따지면, 5성급 호텔의 고급 요리부터 똥 맛까지 모든 맛을 섭렵할 수 있었고요.

사실 사이다, 고구마보다 자이언츠 경기를 잘 나타내는 표현이 있는데요. 바로 '롯데시네마'입니다. 충분히 이길 수 있던 경기를 투수들이 무너지며 지켜 내지 못하고 역전패하거나, 크게 지고 있는 상황에서 말도 안 되는 짜릿한 역전승을 거둘 때 쓰는 말이죠. 웃음과 재미, 감동의 드라마, 처절한 비극을 모두 상영하고 있고요. 허무한 결말로 실망할 때가 많으면서도 결국 또 표를 끊게 되는 마성의 영화관입니다.

2024년은 변화가 많았던 해였고, 변화는 현재 진행형입니다. **스토브리그**도 활발히 진행되고, FA 계약, 외국인 선수 영입 등 뜨거운 이야기가 연일 쏟아져 나오고 있습니다. 롯데도 뜨거운 겨울을 잘 보내고, 2025년에는 완벽한 기승전결을 갖춘 시나리오로 돌아왔으면 좋겠습니다. 롯데 팬들의 염원인 해피엔딩으로요.

from. 주니

야구 토막 상식

와일드 피치
투수가 포수가 잡을 수 없을 정도로 나쁜 공을 던지는 일

스토브리그
한 시즌이 끝나고 다음 시즌이 시작하기 전까지의 기간으로, 계약 갱신이나 트레이드 등 전력 보강이 이루어짐

5장

내년이 답이다.
5개월의 기나긴 기다림

	1	2	3	4	5	6	7	8	9	10	11
Dri	0	0	0	0	0	0	0	0	0	0	0
Joonie	0	0	0	0	0	0	0	0	0	0	0

B ○○○   **S** ○○   **O** ○○   **H** ○   **E** ○   **FC** ○

Dri	▲	***200만 원어치***
Joonie	**1**	***충전을 받았습니다***

B ●●●
S ●●●
O ●●

내가 주인공인 걸 직관적으로 느낀 날

'좀 더 직관적으로 다시 써라.' 보고서를 작성할 때 자주 듣던 말입니다. '당장 옆집 문을 두드려서 이웃에게 보여 줘도 바로 이해할 수 있게 쓰라.' 제가 들은 가장 인상적이고도 답답한 조언입니다. 둘 다 누가 봐도 한눈에 이해할 수 있게 쓰라는 말이지요. 읽는 사람이 '응?' 하며 다시 읽게 되면 좋은 보고서가 아니라는 겁니다.

문서의 핵심은 직관입니다. 그런데 직관이 뭘까요? 사전에는 '사유 없이 대상을 직접적으로 파악하는 작용'이라고 나옵니다. 즉 쉽게 알아차리는 것이죠. 보고서 작성 경험이 쌓일수록 프로그램 사용도 능숙해지고, 노하우가 생기게 됩니다. 하지만 객관적으로 잘 쓰는 것보다 중요한 능력은 직관적으로 글을 읽는 사람의 마음을 꿰뚫는 것이기도 합니다. 대부분의 보고서는 대상을 설득하는 목적을 가지고 있으니까요.

이런 직관 말고 야구장 직관 이야기를 기대했다면 조금만 기다려 주세요. 지금부터 두 가지 의미의 직관이 모두 들어 있는 경험을 이야기하려고 합니다.

초등학교 5학년 때, 경비 아저씨의 부탁으로 친구들과 아파트 곳곳에 붙은 전단지를 떼는 아르바이트(?)를 하다가 엘리베이터에 갇힌 적이 있어요. 한동안 엘리베이터를 못 타게 된 공포스러운 기억인데, 희한하게 그 후로 '갇힐 것 같은데' 하는 느낌이 들면 진짜로 갇히는 일이 생겼습니다. 한 번도 어려운 일을 네 번 정도 경험했어요.

가끔 설명할 수 없는 묘한 느낌이 드는데, 당첨의 전조가 되기도 합니다. 회사 이벤트에 당첨되어 한우 세트나 값비싼 술을 받기도 하고, 야구장에서도 얼굴이 전광판에 잡혀 피자를 받거나 한번은 개막전 기수로 당첨된 적도 있었죠(지인에게 기회를 넘겼지만요).

그중에서도 가장 기억에 남는 건 역시 그날입니다. 2020년 사직 야구장으로 직관을 갔을 때의 일이에요. 5회말 공격이 끝나고 전광판에는 곧 시작될 댄스타임이 예고되었습니다. 직관적으로 '일어나야 한다'고 생각했고, 카메라가 제 모습을 잡았습니다. 코로나 시기라서 좌석을 띄우고 앉아 넓은 무대를 활용한 덕분일까요? 마스크를 써서 용기가 탱천했던 걸까요? 결과는 댄스타임 우승자가 되어 '200만 원 상당의 맞춤 정장'을 받았습니다.

  제가 가진 모든 직관(직접 관람, 경험, 촉)을 총동원해 이뤄 낸 결과 덕분에 그날 이후 야구장에서 돈을 쓰는 걸 전혀 아깝지 않게 느끼게 되었어요. 유니폼, 응원 도구 수십 개를 살 만큼의 상품을 받은 영향도 있지만, 야구장에서 받은 쾌감과 에너지를 생각하면 아무리 많이 써도 무조건 이득이라고 여기게 되었거든요. 이토록 즐거운 추억이 있으니 화가 나서 다시는 안 본다며 돌아섰다가도 또다시 야구장을 찾게 되는 거겠죠.

  최고의 야구 직관 방법은 경기장에 갈 때마다 '오늘은 내가 주인공'이라는 마음으로 최선을 다하여 즐기는 겁니다. 그러다 보면 전광판에 나오거나 중계에 잡히는 등 색다른 재미를 경험하는 날이 생길 수도 있고요. 다음 직관에서는 함께 전파를 탈 기회를 잡아 볼까요?

  '텔레비전에 내가 나왔으면 정말 좋겠네~' 어릴 적 부르던 동요 노랫말로 인사를 대신합니다. 즐거운 비시즌 보내요!

from. 드리

Dri	**2**	*야구장 매일 갈 바엔 사직에*
Joonie	▼	*집을 구하는 게 낫지 않을까?*

B ●●●
S ●● 　　비시즌은 추론의 연속
O ●●

'직관'적인 보고서로 시작해서 야구장 '직관'으로 넘어가는 편지 잘 받았습니다. 직관 하면 야구장밖에 떠올리지 못하는 저였기에 뒤통수를 맞은 느낌이었어요. 드리 님이 던진 떡밥에 낚이고 말았네요. 직관과 상대되는 개념인 추론으로 응수하겠습니다. 저에게 비시즌은 추론의 계절이기 때문입니다.

시간을 되돌려 대학생이던 2011년으로 돌아가 봅니다. 당시 제 용돈은 하루 만 원이었습니다. 구내식당 4,000원, 커피 2,000원, 김밥 2,500원, 짜장면 4,000원, 치킨 15,000원… 만 원이면 점심 저녁에 후식까지 먹을 수 있던 알뜰한 시절이었죠. 그런데 지금은 치킨이 2만 원도 넘어요. 가격이 너무 올라서 편의점에서 과자 하나 집는 것도 주저하게 됩니다. 친구 만나서 한잔하고, 맛집 찾아가고, 여행 한 번 가면 월급은 순식간에 사라집니다. 그래서 가성비가 소비의 중요한 기준이 되었어요. 여가와 취미에 있어서도 마찬가지고요.

네, 맞습니다. 물가와 가성비를 들먹이면서 결국에는 야구장이 좋은 이유를 얘기하고 있는 거 맞아요. 저는 개인적으로 내야 상단 자리에서 보는 걸 좋아해서 보통 티켓값으로 평일 13,000원, 주말 17,000원을 씁니다. 거기에 햄버거와 맥주 등 식비로 2만 원 정도 쓰면, 총 3~4만 원이 들어요. 이걸로 서너 시간을 즐길 수 있으니 시간 대비 만족도는 상당히 높습니다.

그런데 문득 '여기서 가성비를 더 높일 수는 없을까?' 하는 생각이 듭니다. 하지만 자리도, 먹을 것도, 맥주도, 어느 하나 포기할 수 있는 게 없네요. 그렇다면 다른 방법이 있습니다. 바로 시즌권을 사는 겁니다. 시즌권은 할인에, 원하는 자리 선점, 이벤트 상품 제공, 전용 게이트 이용 등 다양한 혜택이 있습니다. 단점은 하나, 비쌉니다. 홈경기 73경기 중 47경기 이상 관람해야 비용적으로 본전입니다. 최소 40경기는 볼 각오를 해야 시즌권을 살 명분이 생기는데, 직장인에게 40경기 직관이 가능할까요? 아, 가능하네요. 2024년에도 40경기를 봤으니까요. 비용뿐만 아니라 예매로 인한 감정과 시간 소모까지 감안하면 시즌권 구매는 꽤 괜찮은 선택일 수 있다는 생각에 이릅니다.

그런데 여기서 끝이 아닙니다. 이어지는 또 하나의 추론입니다. '시즌권도 좋지만, 사직 근처에 집을 사는 게 더 낫지 않나?' 뚱딴지처럼 무슨 소리냐고 할 수 있지만, 꽤 진지하게 구체적으로 고민해 봤습니다. 사직 야구장까지 왔다 갔다 하는 시간도 만만찮고, 교통비에 시즌권을 합치면 비용도 큽니다. 무엇보다 상상해 보세요. 야구가 잘 풀리면 집 안까지 환호성이 들립니다. 반대로 조용하면 야구를 안 봐도 되는 날이라는 걸 빠르게 판단할 수 있고요. 사직 야구장이 곧 내 마당인 삶, 얼마나 근사한가요?

문제는 역시 돈입니다. 0이 8개 이상 붙는 금액을 생각하면 현재 저에게는 현실보다는 낭만에 가까운 이야기죠. 하지만 전혀 불가능한 이야기도 아닙니다. (몇십 년이 걸릴지도 모르지만요.) 그리고 이 생각 덕분에 다가오는 새해를 좀 더 의욕적으로 맞이할 수 있을 것 같습니다. 언젠가 우리 집 거실에서 사직 야구장 직관을 하는 날이 올 거라 믿으면서 말이지요.

from. 주니

| Dri | ▲ | **봄데,** |
| Joonie | **3** | **아니 이제 동데!** |

땅이 얼어붙는 시기,
더욱 단단해질 우리

　　　　　한 해 동안 편지로 다양한 이야기를 주고받으며 취미와 관심사, 성격까지 되돌아볼 수 있었어요. 오늘은 취미보다는 루틴이라고 할 만한 걸 얘기해 보려 합니다.

연말이 되면 네이버 웹툰에서 '웹툰 리포트'를 발간해 주는데요. 저는 올해 무려 5,804화를 열람하여 상위 1% 독자라는 타이틀을 받았습니다. 독자 평균 열람 회차가 919화인 걸 보면 저의 일상에서 웹툰의 존재감이 꽤 크다는 걸 실감합니다.

특히 좋아하는 건 스포츠 장르예요. 주인공의 도전과 실패, 성장 서사가 생생하게 담겨 있고, 자신의 종목을 즐기고 이겨 내는 모습에서 큰 감동을 받곤 합니다. 9년째 함께하고 있는 〈하이큐!!〉도 마찬가지입니다. 거듭되는 실패에도 끊임없이 다시 일어서고 도전하며 굽히지 않는 자세가 저에게 큰 동기를 부여해 줍니다.

저는 새로운 일을 벌이기를 좋아해서 매번 도전에 대한 자극이 필요한데, 자극이 필요하거나 지치고 의욕이 꺾일 때 만화를 찾습니다. 추진력은 저의 가장 큰 장점 중 하나이지만, 때로는 벌여 놓은 걸 정리하느라 진이 빠지기도 하거든요. 다행인 건 이런저런 시행착오를 겪으면서 점점 나 자신에 대한 이해도가 높아지고 있다는 거예요. 언제 강한 부하가 걸리는지 선을 찾아가는 거죠. 기관지가 약해서 감기에 잘 걸렸는데, 감기에 걸리기 직전의 선을 대충 파악할 수 있게 된 것처럼요.

자이언츠는 성찰의 시간을 잘 보내고 있을까요? 매년 봄만 되면 힘을 내서 '봄데'라고 불리는 우리 자이언츠 말이에요. 그런데 이 별명도 슬슬 졸업할 때가 되지 않았나요? 진정한 강팀이 되기 위해서는 봄뿐 아니라 여름, 가을까지 꾸준히 단단해야 합니다. 이제는 '동데'가 되어야 할 때입니다. 땅이 얼어붙은 지금, 그만큼 강해져야 다음 시즌을 잘 보낼 테니까요.

롯데는 선수층이 얇음에도 불구하고 시즌 초반에 무리한 운영을 하거나, 주축 선수들이 빠졌을 때 대체 선수가 부족해서 성적이 떨어지기도 했습니다. 장기적인 측면으로는 구단에서 선수들의 체력과 정신력 회복에 신경을 더욱 써 주었으면 좋겠습니다. 팬들이 안타까워하는 것 중 하나가 자이언츠의 이동 시간이 다른 팀들에 비해 길다는 점이기도 하고요. 역할 분담 역시 잘되길 바랍니다. 전준우 선수가 선수단과 프런트의 믿음으로 다시 주장을 맡게 되었고, 김태형 감독의 존재감도 대단하죠. 좋은 리더가 있으면 확실히 팀도 달라질 겁니다.

지피지기면 백전백승이라는 말이 떠오릅니다. 아니, 정확히는 지기지피면 백전불태입니다. '나를 알고 남을 알면 위태롭지 않다'는 뜻으로요. 나 자신에 대해 먼저 알고, 무조건 이기려 하기보다 위태롭지 않게 버티며 기회를 잡는 팀이 결국 강팀이 되는 것이니 말입니다.

간절한 마음으로 롯데에게 바라는 점을 줄줄이 읊는 것과 마찬가지로, 우리 모두 각자의 삶에 대해서도 간절한 마음으로 최선을 다해야 하지 않을까 싶습니다. 그래도 힘든 삶에 정면으로 맞서 서 있을 필요는 없으니, 힘들 때는 야구장을 찾으면서요. 스트레스 해소에는 직관만 한 게 없으니까요. 그러니 야구를 보면서 재미는 최대, 고통은 최소로 느꼈으면 좋겠습니다.

태어나 보니 연고지의 팀이 롯데였고, 그 원죄로 고통받을 때도 있지만 이 팀을 좋아하게 된 것도 어느새 숙명처럼 느껴

집니다. 그래서 더 바라는 거겠죠. '올해는 진짜 다르길.'

   땅이 얼어붙은 지금, 자이언츠도 단단히 준비하고 있을 거라 믿습니다.

from. 드리

Dri	**4**	**성심당 말고**
Joonie	▼	**성당장을 아시나요?**

올해는 진짜 다릅니다. 정말로!

      1년 동안 꾸준히 편지를 주고받았다는 사실 자체가 참 따뜻하게 느껴집니다. 함께하는 존재가 있다는 게 더없이 감사하고요. 무엇보다도 제 자신을 돌아보는 시간을 가진 것이 의미 있었어요.

MBTI 이야기를 하면서 제가 ESTJ지만 야구 직관이나 여행 갈 때는 P 성향이 강해진다고 얘기했죠. 그런데 P가 되는 순간이 하나 더 있습니다. 바로 드라마를 볼 때입니다.

드라마를 정말 좋아하는데요. 여기서 전제 조건이 하나 붙습니다. '유행한' 드라마라는 겁니다. 현재 방영작은 아무리 화제가 되어도 절대 보지 않습니다. 끊기면 속이 터지니까요. 보고 싶은 드라마를 메모해 두었다가 '보고 싶다'는 마음이 들 때 한꺼번에 몰아서 봅니다. 김장김치처럼 몇 년을 묻어 두었다가 얼마 전 느닷없이 꽂혀서 본 드라마가 있는데, 바로 〈스토브리그〉입니다. 이 드라마는 야구를 하지 않는 야구 드라마입니다. 시즌이 끝난 비시즌, 즉 스토브리그 기간 동안 벌어지는 일을 다루지요. 주인공은 야구선수가 아니라 구단의 행정 업무를 수행하는 프런트입니다. 문제투성이 만년 꼴찌 팀 '재송 드림즈'를 새 단장 백승수가 체질부터 바꾸어 가는 이야기인데요. 전형적인 해피엔딩 스토리는 아닙니다. 갈등, 모순, 비리, 파벌… 야구 판의 민낯을 다루면서도 결국에는 변화해 나가는 과정을 그려 냅니다.

체질을 개선하며 점점 나아지는 재송 드림즈를 보면서 저의 사랑 롯데 자이언츠를 떠올렸습니다. 황금기의 제리 로이스터 감독 이후, 자이언츠는 스토브리그 때마다 리빌딩을 반복했지만 결과가 썩 좋지는 않았습니다. 그중 하나가 '성담장'이죠.

2022년, 롯데는 사직 야구장의 좌우 담장 거리를 늘리고, 펜스를 4.8m에서 6m로 높였습니다. (이 프로젝트를 주도한 롯데 전 단장의 성을 따 '성담장'이라고 불렀죠.) 당시 홈런과 장타가 적은 자이언츠였기에 상대의 홈런과 장타를 줄이고자 택한 전략이었습니다. 홈런과 피홈런이 줄었고, 성담장 덕분에 마운드는 강화되었습니다. 그러나 2025 시즌에는 담장을 철거합니다. 롯데의 젊은 타자들의 성장을 믿고, 공격력을 끌어올리기 위한 결정입니다. 다시 말해 외부 장치보다 내부 전력을 믿기로 한 것이지요.

저는 '성담장'을 꽤 좋아했습니다. 대전의 '성심당'처럼 이름부터 임팩트 있잖아요. 야구 역사에 기록될 법한 기발한 발상이라고 생각했는데, 70년 빵 역사와는 비교가 되지 않는 3년의 역사를 남기고 사라지게 되었습니다.

하지만 이 전략이 상징하는 바는 큽니다. 드리 님이 말한 '지기지피'를 떠올리게 하지요. 애초에 자이언츠가 강했다면 이런 전략이 굳이 필요했을까요? 나를 제대로 알고 반성하고 준비하는 시간이 적었기에, 매해 리빌딩을 하고, 늘 다크호스라는 이름으로 봄에 강했으며, 끝에는 결국 힘이 빠지는 팀이 된 것이 아니었을까 싶습니다.

자이언츠는 올해 또다시 리빌딩 중입니다만, 이번에는 사뭇 다릅니다. 롯데 팬이라서 하는 이야기가 아니라, 이번에는 정말 다릅니다. 적재적소의 코치진 변화, 내부 FA 단속, 외국인 선수 재계약 및 스카우트, 마운드 강화 등 체질 개선에 도전하여 전반적으로 탄탄해진 인상을 받습니다. 올해는 진짜 다릅니다. 정말로요!

게다가 2025 시즌부터는 피치클락 도입, 3피트 주로 확대,

연장전 이닝 축소 등 KBO 리그 자체에도 많은 변화가 예고되어 있죠. (자세한 내용은 'koreabaseball.com > KBO 리그 > 2025 규정, 규칙 변화'에서 확인할 수 있습니다.)

드라마 〈스토브리그〉 마지막에 이런 말이 나옵니다.
"강한 사람이 아니어도 괜찮습니다. 우리는 서로 도울 거니까요."

그 어떤 때보다 탄탄한 팀으로 2025년 3월 다시 만났으면 합니다. 하나하나는 약할지라도 모이면 강해진다는 걸, 더는 만만한 팀이 아니라는 걸 선수단, 코치진, 프런트, 그리고 팬들까지 모두가 하나 되어 2025년을 진짜 '다르게' 만들어 내길 기대합니다. 팬들은 그 어느 팀보다 열정적으로 응원할 준비가 되어 있습니다.

from. 주니

Dri	▲	**질 수도 있지,**
Joonie	**5**	**봄데란 이름이 중요합니까?**

근데 진짜 봄데 맞나요?

드디어 2025 시즌이 개막을 앞두고 있습니다. 자이언츠의 새로운 출발, 과연 어디로 향하게 될까요?

우리의 정체성은 줄곧 봄에 강한 팀 '봄데'라 생각했습니다. 정규 시즌이 시작되기 전에 열리는 시범 경기부터 좋은 모습을 보이고, 시즌 초반에는 '올해는 다르다'는 기대감을 심어 줍니다. 그런데 말입니다. 정말 그랬던가요?

최근 몇 년간의 3~4월 성적을 살펴보았습니다.

2017년	13승 13패	2021년	10승 13패
2018년	12승 17패	2022년	14승 1무 9패(3위)
2019년	12승 18패	2023년	14승 8패(1위)
2020년	(코로나)	2024년	8승 1무 21패

막상 기록을 보니 그렇게 잘했다고 할 수는 없는 성적입니다. 오히려 스토브리그만 달구다가 시즌이 열리면 절기 시작했다는 게 맞는 상황입니다. 혹시 몰라서 시범 경기도 살펴봤습니다.

2017년	8위	2021년	3위
2018년	7위	2022년	1위
2019년	7위	2023년	9위
2020년	(코로나)	2024년	8위

이쯤 되면 봄데의 어원 자체를 재검토해야 할지도 모르겠습니다. 우린 도대체 무엇을 믿고 이토록 열망했던 걸까요? 실체가 없는 가능성은 무서운 겁니다. 특히 가끔 1위를 찍어 주는 게 무섭습니다. 이런 게 팬들의 판단력을 흐리게 만들지 않았나 싶습니다.

한때 많은 이의 공감을 샀던 '가능성이 있는 상태'라는 표현이 떠오릅니다. 저도 여기에 포함되는 사람이었습니다. 대개 처음 시작할 때 빠르게 익히는 편이었으나, 끈기 있게 밀고 나가는 건 어려웠습니다. 매번 어느 정도 잘할 가능성이 있는 상태에 머무르는 걸 선호했어요. 해 보고 싶은 게 너무 많기도 했거든요. 그리고 해 본 게 많다는 건 사람들과 공유할 부분이 많다는 장점도 되었습니다. 하지만 취미 말고 특기가 뭐냐는 질문에 선뜻 대답하지 못하는 것이 아쉬웠지요. 그래서 제가 잘할 수 있는 분야에 도전해 보기로 마음먹었습니다.

저는 청중 앞에 서는 일을 좋아했습니다. 발표를 잘한다는 칭찬도 많이 받았는데, 문제는 제가 공대생이었다는 거예요. 자료 준비를 선호하고, 발표를 기피하는 사람이 많은 공대생이요. 그래서 더 넓은 곳에서 많은 사람들과 비교해 볼 수 있는 자리를 찾아 대학생 발표 대회에 참가했습니다. 첫 대회는 큰 기대 없이 너무 쉽게 결선까지 올라가서 약간 우쭐했나 봅니다. 준비를 소홀히 하여 결선을 맞았고, 고배를 마셨습니다.

이어서 '민주주의'를 주제로 하는 일반부 대회에 이를 갈고 도전했습니다. 시나리오를 짜고 연극 형식으로 준비하고 일주일 전부터 컨디션을 조절했죠. 현장 분위기도 객석 반응도 뜨거웠지만 결과는 아쉽게도 4위에 머물렀습니다.

두 번의 대회를 통해 얻은 게 있습니다. 제가 가능성이 있는 상태가 아닌, 생각보다 경쟁력이 있다는 걸 확인한 것이죠. 그리고 깨달은 게 또 하나 있는데, 제가 대회를 치르며 간과한 것이기도 합니다. '우리를 심사하는 건 관객이 아니라, 심사 위원

이다.'

 야구는 지금 심사 기준이 바뀌는 시기입니다. 다만 대회에서는 심사 위원이 누구인지, 심사 위원 각자의 기준이 무엇인지 알기 어렵지만, 야구는 변경되는 규칙이 사전에 고지됩니다. 이 변화 속에서 강점이 평범해지고, 약점이 기회가 될 수도 있습니다. 바뀐 규칙에 적응하는 능력이야말로 지금 자이언츠가 갖춰야 할 진짜 실력일지도 모릅니다.

 철학이 있는 감독, 믿음직한 단장, 리더십 있는 주장과 선수들이 뭉쳤습니다. 단지 봄에 잘하는 '가능성의 팀'이 아니라, 실제로 강력한 '결과의 팀'으로 가는 길목에 우리가 서 있는 것이길 바랍니다. 자이언츠가 가능성이 있는 상태의 팀이 아니라, 진짜 달라진 가을야구 단골 팀이 되길 기도합니다. 망망대해를 날아다니는 갈매기처럼 다시 솟아나길 응원합니다.

from. 드리

Dri	**6**	***자이언츠 팬이***
Joonie	▼	***130만 명이라고?***

어쩌면 다 사라질지도!

　　　　　고난과 역경이 오더라도 언제나 변함없이 긍정적인 저조차도 이 상황에는 어쩔 도리가 없습니다. 아직 본격적으로 시즌이 시작되기도 전인데 제 마음은 벌써 스트레스가 끓어오르고 있습니다. 난이도가 극악이 되어 버린 선예매권 구매 전쟁을 겪고 오는 길이거든요. 선예매권이 있으면 다른 사람보다 미리 예매를 할 수 있고, 좋은 자리를 선점하려면 선예매권이 필수인데, 이를 얻기 위한 길은 험난하다 못해 앞이 보이지 않았습니다. 싸이 콘서트 예매보다 훨씬 어려울 줄은 정말 상상도 못 했습니다.

2019년, 태어나서 처음으로 예매한 싸이 콘서트가 태풍 때문에 취소되고, 이듬해에 코로나가 발생하자, 도무지 콘서트를 갈 수 없는 팔자인가 보다 생각했습니다. 그러다 2024년 드디어 예매에 성공, 삼고초려 끝에 고대하던 흠뻑쇼를 볼 수 있었습니다. 결국에는 해냈던 그때의 기억으로 자신 있게 선예매권 구매에 도전했습니다.

하지만 이건 싸이 콘서트와는 차원이 다른 문제였으니, 순식간에 머릿속은 '큰일이다, 답이 없다, 망했다'로 가득 찼고, 이마에서 땀이 나고 어느새 등까지 축축하게 젖고 말았습니다.

예매 시간 정각에 딱 맞춰 들어갔으나, 화면은 멈췄고, 새로고침은 꿈도 꿀 수 없었습니다. 우여곡절 끝에 재접속에 성공, 가까스로 결제창으로 넘어가 결제까지 진행했는데, 응? 첫 화면으로 돌아갔습니다. 다시 진행했지만 또다시 처음으로 돌아가고, 혹시나 하는 마음에 계속 시도했으나 결과는 마찬가지였습니다. 마치 마블의 닥터 스트레인지가 타임스톤을 쓴 것처럼 타임루프에 갇히고 말았지요. 수없이 반복한 끝에 결국 제가 마주한 문구는 '죄송합니다'.

재접속했을 때 대기 인원을 보고 실패를 예감했는데요. 대기 인원이 일, 십, 백, 천, 만, 십만, 백만? 무려 130만 명이었습니다. 이게 말이 되나요? 율곡 이이의 '십만양병설'을 가뿐히 뛰어넘는 롯데 자이언츠의 '130만 팬설'이 눈앞에 펼쳐진 겁니다.

전부터 이랬다면 덜 억울했을 겁니다. 저는 매년 선예매권을 구매해 온 사람입니다. 심지어 작년에는 구매 시작 시점보다 4시간 늦게 들어갔지만 사는 데 전혀 문제가 없었습니다.

물론 혹시나 하는 마음은 있었어요. 팬들이 급격하게 늘어나며 천만 관중을 달성한 바야흐로 프로야구의 시대이지 않습니까? 그리고 올해 시즌권 신청자가 엄청나게 늘었다는 소문을 들었거든요. 하지만 이 정도일 줄은 꿈에도 생각지 못했습니다. 늘 구매하던 선예매권을 사지 못한 현실을 믿기 어려운 건 둘째 치고, 더 무서운 생각이 뇌리를 스쳤습니다. '선예매권 경쟁률이 이 정도면, 야구장에 갈 수나 있을까?' 야구팬이 많아진 건 좋지만, 제가 야구장에 가지 못할 정도를 바란 건 절대 아니었습니다.

가뜩이나 선예매권 때문에 침울해 있는데, 욕이 입 밖으로 튀어나오기 직전의 분노 상태가 되었습니다. 선예매권을 되파는 사람들이 나타났기 때문입니다. 3만 원에 사서 60만 원에 파는 건 너무 양아치 아닌가요? 2022년 이대호 선수 은퇴식 때도 이런 일이 있어서 머리끝까지 화가 났었는데, 이번에는 정말 도가 지나치다 싶었습니다. 진심으로 야구를 보고 싶어 하는 사람의 마음에 상처를 주며 불법을 저지르는 암표상들은 반드시 벌을 받아야 합니다! KBO와 10개 구단 모두 수많은 야구팬을 위해 암표 거래 근절에 적극적으로 나서야 합니다!

이쯤 되니 이런 생각이 들더라고요. '차라리 그 돈으로 여름 전기세를 내고, 시원한 에어컨 아래서 치킨에 맥주를 먹으며 TV로 보자. 돈도 굳고, 땀도 안 나고, 고생도 안 하니 더 좋은 거 아닌가' 하는 생각에 미치자 야구 직관에 대한 열정이 확 식어 버렸습니다. 비시즌 내내 진짜 달라진 롯데를 마주하기만을 손꼽아 기다려 온 골수팬의 마음이 그놈의 암표 때문에 말입니다.

다행히 변화의 움직임이 있습니다. 기아 타이거즈는 인기 좌석에 대해서는 시즌권과 선예매권을 쓰지 못하도록 막고, 매크로 프로그램을 활용하지 못하게 PC 예매가 불가능하도록 했습니다. 대구 경찰청도 암표 거래 단속을 위해 전담 팀을 꾸렸고요.

2025년 시범 경기부터 평균 관중 7,661명으로 역대 최다 기록을 세웠습니다. 이 흐름을 잘 이어 가려면 야구로 팬을 감동

시켜야 하겠지요. 선예매권 앞에서 좌절한 저 같은 사람이 다시 열정을 되찾을 수 있도록 말이에요. 자이언츠의 130만 팬이 바람처럼 사라지지 않길 간절히 바라며, 노래 한 소절로 편지를 마무리합니다. '있을 때 잘해. 후회하지 말고.'

from. 주니

6장

올해는 다르다!
이번엔 가을야구 가는 거 아냐?

	1	2	3	4	5	6	7	8	9	10	11
Dri	0	0	0	0	0	0	0	0	0	0	0
Joonie	0	0	0	0	0	0	0	0	0	0	0

B ○○○   **S** ○○   **O** ○○   **H** ○   **E** ○   **FC** ○

Dri	▲	**개막했는데,**
Joonie	**1**	**개 막 할 수도 있는**

대패한 날엔 대패 삼겹살을 먹는다

B ●●●
S ●●
O ●●

　　　　　　선예매권 구매가 힘들었다는 소식에 팬들은 일반 예매 역시 더 어려워지는 게 아닌지 걱정이 앞섰을 겁니다. 잠실 개막을 앞두고 예상보다 한술 더 뜬 소식을 들었습니다. 선예매권을 가지고 있으면 예약 하루 전에 먼저 예약을 할 수 있는데, 연간회원이 얼마나 많은지 선예매권을 가지고 있으면서도 예약을 못 한 사람들이 속출했다는 겁니다. 그런데 예매 오픈 후 5분이 채 지나지 않아 재판매 사이트에 표가 우르르 쏟아져 나왔습니다. 주니 님의 분노, 이해합니다. 저는 어이없는 상황에 한숨 대신 헛웃음만 나오더라고요.

　저는 운이 좋게도 매년 개막전을 함께 보는 지인이 선예매권 구매 및 표 예매에 성공하여 잠실에 입성할 수 있었습니다. 경기장을 채운 사람들의 들뜬 표정에서 다들 얼마나 이날을 고대해 왔는지 느낄 수 있었습니다. 그만큼 암표를 사서라도 오고 싶은 사람이 많았을 거고, 그런 팬의 마음을 이용하는 사람이 생겼던 거죠. 제발 이 좋은 분위기에 찬물을 끼얹지 않았으면 좋겠습니다.

개막전은 역시 직관입니다. 기나긴 비시즌 동안 오늘을 위해 준비해 왔습니다. 자이언츠 점퍼, 짝짝이, 새 유니폼까지 챙겨 입고 야구장에 들어섰습니다. 혹시 중앙 상단 좌석에 앉아 본 적 있나요? 개막전이 벌어지는 날이면 제 자리와 상관없이 들르는 곳입니다. 팬들의 기분 좋은 소음에 둘러싸여 불어오는 바람에 앞머리를 휘날리며 야구장 전경을 바라봅니다. 기나긴 겨울잠에서 깨어날 시간이 왔음을 온몸으로 느끼죠.

가장 먼저 애국가가 울려 퍼집니다. 이때의 고요함이 저는 참 좋습니다. 마지막 '보전하세'에 딱 맞추어 박수를 치면 직관 베테랑의 느낌마저 납니다. 시구, 시타에 이어 조지훈 응원단장이 '감사합니다. 반갑습니다. 사랑합니다.' 인사하면 마침내 자이언츠의 새 시즌을 알리는 스톱워치가 켜집니다.

외국인 선발 투수는 꽤 괜찮은 구위를 보여 줬지만, 안타에 이어 홈런을 맞고 맙니다. 아직 1회인데… 응원 소리가 살짝 줄어드는 듯했지만, 오늘은 개막전입니다. 다시 힘을 내서 목이 터져라 응원합니다. 그러나 이어지는 빈약한 공격력, 아쉬운 실책, 실점에 점점 응원할 힘을 잃습니다. 분명 자이언츠 응원석에 앉아 있는데, 트윈스 응원 소리가 조금씩 들려옵니다. 결국 10점 차 패배. 누군가 말합니다.

"개막하라고 했지, 개 막 하라고 했냐?"

결과는 대패였지만, 팬들의 사랑은 대단합니다. 경기장을 빠져나오면서 누군가의 선창으로 응원가를 부르기 시작했거든요. 저와 일행은 대패한 날엔 대패 삼겹살을 떠올리며 유강남 선수가 추천한 냉삼겹 맛집으로 향했습니다. 그날의 드레스 코드인 것처럼 식당에는 자이언츠 유니폼을 입은 사람들로 가득했습니다. 다들 같은 마음으로 고기를 구우며 아쉬움을 달래지 않았을까 생각합니다.

시범 경기에서 2승 2무 4패로 8위를 했습니다. 뭐, 팬들은 이미 알고 있습니다. 아직 워밍업 중이라는 거, 아직 폼이 안 올라왔다는 거 말하지 않아도 눈치챘습니다.

그런데 말입니다. 올해는 뭔가 다릅니다. 이건 농담이 아니라 진짜로요. 투수진이 최근 몇 년 중 가장 좋아 보이고, 타격감도 되찾을 것 같거든요. 작년에는 종교적인 믿음에 가깝게 응원했다면, 이번 시즌에는 근거 있는 자신감이 쌓이고 있습니다.

  오늘의 대패도 자이언츠가 못해서보다는 트윈스가 잘한 결과였습니다. 두고 봐요. 한동안 트윈스가 질주할 거고, 자이언츠는 천천히 중위권을 다투다 위로 올라갈 겁니다. 그러니 슬슬 산소마스크를 준비하시죠. 높은 곳으로 날아오를 시간입니다.

from. 드리

| Dri | **2** | ***아픕니다,*** |
| Joonie | ▼ | ***게다가 죽을 뻔했습니다*** |

B ●●●
S ●●
O ●●

예상치 못한 사람이 범인입니다

건강 잘 챙기고 있나요? 요즘처럼 일교차가 큰 날씨에는 감기를 조심해야 합니다. 물론 제가 그런 말을 할 자격은 없습니다. 최근 열흘 넘게 제대로 앓았거든요. 기침, 콧물, 두통, 근육통으로 정신이 혼미할 지경이었습니다. 코로나 확진 때를 제외하면 살면서 이만큼 아팠던 적이 있었나 싶습니다. 골골댄 원인은 일교차 큰 날씨만이 아니에요. 사실 야구 때문입니다.

3월 16일 일요일, 아침에 일어날 때부터 알았습니다. 컨디션이 별로 좋지 않다는 걸요. 이런 때는 얌전히 쉬어야 한다는 것을요. 하지만 그럴 수 없었습니다. 야구를 보러 가야 했거든요. 5개월 동안 야구장을 못 가서 이성을 잃었던 겁니다. 막무가내로 향한 사직 야구장은 꽤 쌀쌀했습니다. 그런데 갑자기 하늘에서 비가 떨어지기 시작하더니 폭포수처럼 쏟아졌습니다. 결국 경기는 5회 우천 취소. 푯값은 환불받았지만 대신 10일의 건강을 지불해야 했습니다.

사실 시범 경기는 정규 시즌 전에 컨디션 관리 및 전력 점검을 위한 거라 그다지 중요하지 않습니다. 저도 잘 알고 있지만 생각과 행동이 늘 일치할 수는 없는지라 시범 경기에 열정을 태운 거죠. 열정과 함께 제 몸도 불살라 버린 건 조금 창피하네요.

그런데 시범 경기에 열을 올린 이유가 또 있습니다. 바로 전문가들의 예측 때문입니다. '자이언츠는 가을야구 어렵다. 7등이나 8등을 예상한다. 젊은 선수들이 만드는 공격력은 인정하나, 수비도 불안하고 선발과 불펜 모두 약하다.' 시작 전부터 못할 거라는 이야기를 들으니 욱했습니다. 그러나 눈으로 직접 확인해 보고 확신했죠. 지난해 동안 감독은 팀을 파악했고, 젊은 선수들은 경험을 획득했고, 투타 모두 더 정교해진 것 같고, 아무리 봐도 호재밖에 없다고요. 무조건 좋아지는 일밖에 안 남았다고요.

3월 22일 토요일, 그토록 기다리던 개막전이 잠실 야구장에서 열렸습니다. 드리 님은 직관, 저는 집관으로 함께했죠. 상쾌하게 시작했습니다. 그러나 결과는 12:2, 다음 날은 10:2였습니다. 둘 다 졌습니다. 완벽한 대패였죠. 우리 자이언츠는 경기 시작 8분 만에 시즌 1호 2루타를 내주었고, 2분 뒤엔 첫 홈런 기록을 트윈스에 헌납했습니다. 그 와중에 방송사는 '7자리 비밀번호'라는 자막을 내보내며 7년 연속 포스트시즌 진출에 실패한 롯데를 강조합니다. 화가 차오르다 못해 울화통이 터집니다. 사라져 가던 감기 기운이 다시 살아납니다. 개막 2연패 앞에서 바이러스를 이겨 낼 힘이 사라졌습니다.

다행히 며칠 지나면서 컨디션이 점차 회복하였습니다. 약해진 몸과 정신을 부활시키고자 러닝머신 위에 올랐습니다. 10km 마라톤 도전을 앞두고 있기에 연습도 해야 했지요. 그날은 3월 25일 화요일, 롯데 자이언츠와 SSG 랜더스의 대결이 펼쳐지는 날이었습니다. 무척 좋은 페이스로 달리며 야구를 봤어요. 보통 야구를 볼 때 운동이 잘된다는 것은 '형편없는 경기 때문에 화가 나서 뛴다'는 뜻입니다. 그런데 그날은 정말 운동도 잘되고, 경기도 잘 풀렸어요. 그때 메시지 하나가 도착했습니다. '나 기대한다?' 그리고 직감했습니다. 절대 해서는 안 되는 말을 뱉었으니 곧 일이 터지겠다고요. 아니나 다를까 그로부터 5초 뒤 홈런을 맞았습니다. 너무 황당해서 전속력으로 달리던 러닝머신 위에서 미끄러질 뻔했습니다. 하마터면 크게 다칠 뻔했지요. 설레발 가득한 문자로 저를 암살하려고 한 이가 누굴까요? 맞습니다, 드리 님 당신이죠. 그래도 그날, 연장 끝에 손호영의 적시타로 드디어 시즌 첫 승을 챙겼습니다.

　작년 초에는 정말 패배밖에 없었습니다. 패, 패, 패, 패, 우천 취소 그리고 첫 승. 그에 반해 이번 시즌은 패, 패, 승! 이 정도면 작년보다 훨씬 좋습니다. '올해는 다르다'가 맞아요. 우리 산소마스크 챙겨서 높은 곳에서 만나요. 제 마음은 이미 고산병에 걸리기 직전입니다.

from. 주니

3 상수의 배신, 변수의 반란

그래도 아직 모른다

실제 고산병에 걸려 본 사람으로서 방관할 수만은 없는 시간을 보내고 있습니다. 우리 자이언츠가 10개 팀 중 상위권에 포함되는 5위에 올랐습니다. 아직 시즌 초반이지만 설레는 건 어쩔 수 없네요. 누군가는 '고작 5위에 만족하는 자세부터가 잘못되었다'고 하지만 그게 아닙니다. 이렇게 지고도 5위인 상황이 놀랍고 기쁩니다.

자이언츠에는 '오름세'의 상징인 김상수 투수가 있습니다. (자이언츠 팬이라면 알 만한 단어를 '오름세'로 바꾸었습니다. 맞습니다. 초성이 'ㄱㅅ'인 단어입니다.) 굳이 투수라고 언급한 이유는 동명이인 타자가 있기 때문입니다. KT 위즈의 김상수 선수입니다. 투수 김상수와 타자 김상수, 둘의 대결이 성사되면 장내가 웅성

거리기 시작합니다. 자이언츠의 투수 김상수에게는 삼진을 잡으라고 응원하는 한편, 반대편에서는 타자 김상수에게 홈런을 치라고 응원합니다. 같은 이름을 외치며 홈런과 삼진을 바라는 재미있는 광경이죠.

모든 팀에서 '상수'는 중요한 존재입니다. 이번에는 선수 이름이 아닌 고정 전력, 즉 꾸준히 제 몫을 해 주는 선수를 뜻하는 '상수'입니다. 국가대표에 단골로 차출되는 류현진, 김광현, 손아섭, 이정후 같은 선수들을 예로 들 수 있지요. 오랜 기간 우수한 기량을 보여 주었기 때문에 부진함을 겪더라도 곧 제 역량을 발휘할 거라 믿고 기용하는 선수입니다. 그래서 각 팀들은 '우리 팀의 상수'를 제외하고 어떤 부분을 보완할지 고민합니다.

그런데 자이언츠는 주전 선수가 꽤 자주 바뀌는 편입니다. 작년에 활약한 선수가 올해 부진할 때도 많고, 예상 밖의 부상이나 기복으로 라인업이 출렁이죠. 그런 면에서 자이언츠는 '변수의 팀'입니다. 누가 터질지 모르고, 변수가 상수가 되기도 합니다.

변수와 상수가 공존하는 건 직장 생활에서도 마찬가지입니다. 채용을 담당하던 시기를 떠올려 보면, 그 모든 과정에서 변수와 상수를 보았던 것 같습니다. 경력 채용에서는 성과가 상수로 작용합니다. 그런데 화려한 이력과 출중한 능력의 경력자가 면접 시 보인 태도 때문에 기회를 잃기도 합니다. 반면 신입 사원에게는 태도가 상수가 됩니다. 자기소개서는 턱걸이로 합격했지만 면접 단계에서의 자신감과 좋은 태도로 합격할 수 있습니다. 하나 그 사람이 경험과 능력을 쌓아 전문가가 되었을 때는 더 이상 태도가 상수로 작용하지 않죠.

야구선수에게 상수가 될 기회는 몹시 제한적입니다. 어렵게 부여받은 한 타석의 기회를 살리지 못하고 다시 2군으로 내려가 1군에서 활약할 수 있는 가능성을 증명해 보여야 하고, 주전급 선수들의 뛰어난 활약으로 자리가 나지 않아 오랜 기간 대기해야 하는 경우도 있을 겁니다. 그래도 자이언츠는 늘 '누군가 터져 준다면, 가능성이 있는 팀'이라는 평가를 받는 만큼 기회가 열려 있는 곳입니다. 지금의 오름세가 만족스러우면서도 상수가 부족한 우리 팀의 변수들을 바라보게 됩니다. 가령 타격이나 수비에 특화된 선수, 잠재 능력은 엿보이나 지금껏 결과가 아쉬웠던 선수, 트레이트되어 새로 온 선수 말이죠. 혹은 누구도 예상하지 못한 선수가 갑자기 큰 역할을 해낼지도 모르는 일입니다.

  면접에서 상황에 따라 같은 요소가 상수가 되기도, 변수가 되기도 하는 것처럼, 모든 상수는 한때 변수였습니다. 자이언츠에도 다양한 변수가 생기고, 선의의 경쟁을 펼치고, 팀이 단단해지는 선순환 고리가 만들어질 겁니다. 그래서 오늘은 보이지 않는 선수들을 응원하려 합니다. 지금껏 이름 없던 누군가가 상수가 되어 팀을 끌어올려 줄지 궁금하고 기대됩니다.

from. 드리

| Dri | **4** | ***그녀로부터 연락이 왔고,*** |
|Joonie| ▼ | ***일이 터졌습니다*** |

이제 남은 건 하나뿐입니다

좋은 소식을 전합니다. 2025년 시즌 첫 직관부터 승리를 목격했습니다. 박세웅의 안정적인 피칭과 나승엽의 홈런 등 투타의 조화로 롯데가 3:1 승리한 경기에 제가 있었습니다. 드리 님은 아직이라고요? 약 오르라고 한 말입니다. 부러우면 드리 님도 어서 승리 요정이 되세요.

그런데 그날 무서운 일도 있었습니다. 아주 무시무시한 메시지를 받았거든요. '내일 야구장 가나? 가면 얼굴이라도 보자.' 발신자는 바로 MJ! 네, 그 악명 높은 MJ effect의 주인공입니다. 이전 편지에서 얘기했지만 기억 안 날 수도 있으니 요약해 봅니다. 그녀가 야구장에 나타나면 두 가지 일이 벌어집니다.

1. 경기 시간은 무한정 길어진다.
2. 어떻게든 지고 만다.

 2022년 23:0 참패, 2023년 밤 11시까지 진행된 12회 연장 끝에 패배, 2024년 7:3으로 이기다가 7:10으로 뒤집힌 역전패의 순간에 모두 그녀가 있었습니다. 게다가 저와 만나면 MJ effect가 극대화되니 어떻게든 피하고 싶었으나, 아무리 그녀가 온다고 하더라도 저 또한 직관을 포기할 수는 없었습니다.

 2025년 3월 30일, 사직 야구장에서 KT 위즈와의 경기가 있었습니다. 4회초까지 계속되던 0:0 상황을 깨고 자이언츠가 선취점을 올렸습니다. 이번에 MJ 절대 법칙이 깨질지도 모른다, 앞으로 그만 놀려야겠다고 생각한 찰나 7회초 동점에 이어 역전까지 허용하고 맙니다. 9회말 기적처럼 따라붙었지만 결국 연장전에 돌입. 그렇게 MJ effect 1번(경기 시간은 무한정 길어진다)이 성립되었습니다. 이쯤 되었을 때 전 포기했습니다. 오늘도 MJ가 해냈구나, 그녀의 법칙은 무엇보다 강력하구나! 그렇게 희망 없이 야구를 보던 때 메시지가 도착했습니다. '어휴, 간다. 내가 경기장을 떠나야겠다.'
 MJ가 떠난 뒤에 어떤 일이 벌어졌을까요? 11회초 실책과 볼

넷, 희생 플라이로 실점하여 4:3이 됩니다. 11회말 롯데의 공격, 2아웃 3루의 상황에서 8번 타자 한태양 선수가 친 공이 3루수 방향으로 흘러갑니다. 이건 사실상 끝난 거나 마찬가지입니다. 3루수 땅볼이니 1루 송구로 게임 끝인 상황. 역시나 3루수가 공을 잡아 1루로 던집니다. 그런데 공이 1루수 글러브에 쏙 들어가지 않고, 땅에 한 번 바운드되어 도착한 겁니다. 그사이 1루 주자는 세이프, 3루 주자는 홈으로 들어오며 4:4 동점이 되었습니다. 경기 결과는 무승부. MJ 때문에 승리할 수 있는 경기(?)를 이기지 못했습니다. 경기 시간은 무려 3시간 43분이었고요. 만약 MJ가 끝까지 남아 있었다면 경기는 더 길어지고, 그 끝에 결국 졌을지도 모릅니다. 농담으로 시작한 MJ effect에 대한 믿음이 점점 강해지고 있어요.

지금까지 좋은 소식 하나와 애매하게 나쁜 소식 하나를 전했습니다. 생각해 보니 좋은 소식이 하나 더 있네요. 올해 제 직관 승률입니다. 4월 20일 기준, 10전 7승 1무 2패로 완벽한 승리 요정으로 거듭나고 있습니다. 아무래도 롯데의 가을야구를 위해 사직 야구장에서 살아야겠어요!

2025년 저는 사직 야구장을 찾은 수많은 자이언츠 팬 가운데 상수가 되어 가고 있습니다. 우천 취소가 될 가능성이 높아도 일단 직행하는 저입니다. 당연히 이길 거라 생각한 경기가 뒤집히는 걸 목격하고 당분간 야구를 멀리하겠다고 다짐해 놓고도 72시간 만에 다시 야구를 보고 있는 저입니다. 야구에 죽고 야구에 살고, 야구에 아주 많이 미쳐 버린 것 같습니다. 이렇게 몸과 마음이 늘 자이언츠를 향하고 있는 수많은 롯데 팬덕분에 지금의 자이언츠가 존재하고 있다고 해도 과언이 아닐 겁니다.

이제 남은 상수는 바로 가을야구입니다. 2025년부터는 가을야구가 상수가 되었으면 좋겠습니다. 그놈의 비밀번호 이야기는 그만 듣고 싶습니다. 변수는 가을야구냐 아니냐 말고, 최상위권이냐 조금 미끄러져서 3, 4위를 하느냐가 되기를 바랍니다.

from. 주니

Dri	▲	**우리랑 라이벌이라면서**
Joonie	**5**	**이러기예요?**

B ●●●●
S ●●
O ●●

초심자 효과를 보여 줄 때입니다

        KBO의 각 팀은 일 년에 총 144경기를 합니다. 그중 절반 정도씩 홈과 어웨이로 나누어 경기합니다. 저처럼 타지에 사는 롯데 팬은 직관을 아무리 자주 가고 싶어도 환경이 허락해 주지 않습니다.

  이번 주말, 모처럼 잠실 경기장에서 롯데와 두산의 경기가 있었습니다. 자주 오는 기회가 아닌 만큼 저만의 필승 전략을 사용했습니다. 주니 님에게 필패 MJ effect가 있다면, 저에게는 필승 초심자 효과가 있습니다. 작년에 세 번의 검증을 거쳐 확인한 '야구장을 처음 가는 사람과의 직관에서는 승리한다'는 초심자 효과는 이번에도 어김없이 통했습니다.

  이번 경기에서는 베어스의 실책이 5개나 나왔습니다. 두산 팬에게는 뼈아픈 날이었겠지만 하늘이 우리 편이었던 경기였습니다. 이번에 함께한 첫 직관자 친구에게는 승리를 안겨 준 보답으로 화끈하게 유니폼 선물까지 했죠.

올해 벌써 직관 7승을 했다니, 너무 부럽습니다. 저도 승리를 개시했으니 슬슬 시동을 걸어 보겠습니다. 승리 요정 대결은 이제 시작입니다.

2025년 4월 현재 타율, 도루, 세이브, 다승 1위를 자이언츠가 차지하고 있습니다. 팀 타율 역시 1위를 기록 중이고요. 팀 내에서 홍백전을 하듯 모든 타자의 방망이가 불타는 중이에요. 다른 팀과의 부문 경쟁, 팀 내에서의 타격 경쟁, 우리의 승요 경쟁까지 오랜만에 경쟁이라는 말이 즐겁게 느껴집니다.

팀 간 경쟁 구도 역시 야구의 재미있는 볼거리입니다. 특히 롯데는 라이벌이라고 부르는 팀이 꽤 많습니다. 낙동강 더비(NC, 낙동강을 끼고 있는 연고지 맞대결), 항구 더비(SSG, 양대 항구 도시를 연고지로 하는 두 팀의 라이벌전), 클래식 시리즈(삼성, 프로야구 출범 원년부터 팀 이름을 유지해 온 두 팀의 대결), 헤리티지 시리즈(기아, 원년 비수도권 인기 팀 대결), 경부선 시리즈(두산, 서울과 부산 연고지 대결), 조류 대전(한화, 마스코트가 갈매기와 독수리인 두 팀의 대결) 그리고 앞서 얘기한 엘롯라시코(LG)까지 비교적 신생 팀인 KT, 키움을 제외한 모든 팀과 경쟁 구도가 있습니다.

그런데 여기서 궁금증이 생깁니다. 우리가 라이벌이라 부르는 팀들은 정말로 라이벌이 맞을까요? 라이벌이라고 부르는 기준은 최대 48:52로 보았어요. 총 승률을 본다면 롯데의 라이벌은 LG, 두산, 한화, 키움, KT 정도입니다. NC, 삼성, SSG, 기아에는 열세고요. 2021~2024년의 최근 몇 년간 상대 전적에서는 LG, SSG, 기아, 키움, KT에 열세였습니다. 그것도 LG나 SSG 상대로는 승률이 40%도 되지 않습니다. 라이벌인 줄 알았는데 알고 보니 일방적으로 당하고 있었던 거죠. 어쩐지 자주 지는 것 같더라니, 저는 제가 보고 있어서 진 줄 알았단 말입니다. (관련 기록은 '스탯티즈 스포키' 홈페이지 내 팀정보에서 살펴보았습니다.)

그래서 결심했습니다. 진정한 라이벌 구도를 만들기 위해, 기왕이면 라이벌 구도를 넘어 압도하기 위해 제가 움직여 보기로요. 혹시 주변에 아직 야구장에 가 보지 않은 친구가 있다면 언제든 소개해 주세요. 강력한 초심자 효과를 보여 주고 오겠습니다.

from. 드리

구단	NC			삼성			한화		
승/패	승	패	승률	승	패	승률	승	패	승률
21-24년	31	31	50%	30	33	48%	38	25	60%
총 승률	81	107	43%	309	444	41%	350	325	52%

구단	LG			두산			SSG		
승/패	승	패	승률	승	패	승률	승	패	승률
21-24년	24	37	39%	34	27	56%	24	37	39%
총 승률	356	390	48%	364	390	48%	177	246	42%

구단	기아			키움			KT		
승/패	승	패	승률	승	패	승률	승	패	승률
21-24년	26	36	42%	30	34	47%	26	37	41%
총 승률	342	412	45%	136	146	48%	80	76	51%

* 승률은 반올림 수치이며, 승률에서 무승부는 제외
* 파랑 라이벌 빨강 열세

6 사직 야구장 펀치왕이 된 날

중간이 참 어렵습니다

　　　　사직 야구장에 의료지원을 나갔던 어느 날, 구내식당에서 우연히 작은 이벤트를 목격했습니다. 혹시나 선수들을 볼 수 있을까 두리번두리번하는데, 식당 한편에서 선수들과 직원들이 옹기종기 모여서 무언가를 하고 있는 거예요. 궁금했지만 다가가기에는 왠지 좀 부끄러워서 잠시 기다렸다가 선수들이 자리를 떠난 후에 가까이 가 보았습니다.

그곳에서는 손가락 펀치 기계로 점수 내기 이벤트가 진행 중이었습니다. 반가웠어요. 직관을 갔다가 경기 중간에 열리는 이벤트에서 이 기계를 본 적이 있는데, 볼 때마다 직접 해 보고 싶은 욕구가 강렬했거든요. 행사 담당 직원에게 물었습니다.

"저도 이거 해 봐도 되나요?"

"물론이죠! 선생님도 참여해서 좋은 점수 나오면 상품 드릴

게요."

 가운뎃손가락을 손바닥 안쪽으로 둥글게 구부리고 엄지손가락에 힘을 모았어요. 덜덜 떨릴 정도로 손끝에 힘이 집중된 순간 엄지손가락을 뗐고, 중지가 빛의 속도로 날아가 펀치 기계를 강타했습니다. '콰아앙!' 소리와 함께 점수가 올라갑니다. 700, 800, 900을 넘어서도 쭉쭉 올라가던 점수가 멈춘 곳은 999점! 정말입니다. 점수를 받은 저도, 참여해 보라고 권한 직원도 깜짝 놀란 순간이었습니다.

 참고로 980점까지는 과자, 999점은 고급 햄 세트가 상품이었어요. 혹시 선수들에게 돌아가야 할 상품이 엉뚱한 사람에게 온 건 아닌가 싶어서 받기를 망설이는 저에게 담당 직원이 말해 주었습니다.

 "오늘 하루는 직원이니, 당연히 받으셔도 되죠. 참고로 직원 중에 999점은 최초예요!"

 이날을 위해 그동안 헬스장에서 열심히 근력 운동을 해 왔나 봅니다. 이렇게 저는 야구장에 일하러 왔다가 새로운 재능을 발견하였고, 사직 야구장 펀치왕에 등극했습니다.

 벌써 3년이나 지난 일인데요. 아무리 시간이 흘러도 이날의 기억은 잊지 못할 것 같습니다. 999점을 받아서? 1등 상품을 받아서? 좋아하는 롯데 자이언츠에서 한 경험이라서? 모두 맞지만 가장 큰 이유는 '오늘 하루는 직원'이라는 존중과 환대의 말 때문이었습니다.

사람을 움직이는 건 결국 말의 힘이라는 생각이 듭니다. 따뜻한 말과 행동이 누군가의 하루를 바꾸고, 오래 간직하는 소중한 기억이 되기도 합니다. 그러나 필요하다면 쓴말도 해야 합니다. 자이언츠의 베테랑 정훈 선수가 후배들에게 건넨 따끔한 조언처럼요.

"여기 우리가 몸 만들러 온 게 아니다이가? 너희 주전이다, 주전. … 힘든 건 알지만, 모습이 안 좋다, 모습이. 똑같다이가, 계속. … 아직 안 늦었다. 다시 좀 악착같이 한번 해 보자."

정훈 선수에게 고맙기도 하고, 미안하기도 했습니다. 이런 말을 하는 게 참 어려운 일인데, 해야 하는 순간을 피하지 않았으니까요.

이 말 덕분인지는 모르겠으나, 자이언츠의 성적은 작년에 비해 월등히 좋습니다. 선수들이 여러 부문에서 1위를 기록 중이고, 팀은 4위입니다. 언제 추락할지 모르겠지만 그렇더라도 베테랑들이 분위기를 잘 전환시키리라 믿습니다.

결국 사회생활에서는 따뜻한 말과 따끔한 말의 조화가 무엇보다 중요합니다. 롯데 자이언츠로 비유하자면 '오늘 승리한다. 이번엔 가을야구 무조건 간다. 올해는 진짜 다르다'는 말로 사기를 북돋우면서 '제발 좀 잘하자. 이러면 안 된다. 분위기 바꾸자' 같은 말도 피하지 않아야 합니다.

드리 님은 무조건 착하거나 한결같이 나쁜 상사가 되지 않기를 바랍니다. 날카로움과 온기를 모두 지닌 상사가 될 거라 믿어요. 고난과 역경이 오더라도 언제나 변함없이 잘할 거예요. 마지막으로 승진을 진심으로 축하해요!

from. 주니

7. 그렇게 우리는 어른이 되어 갑니다

Dri / Joonie

B ●●●
S ●●●
O ●●

잠깐, 어린이날이 ○○라고요?

어린이날입니다. 이젠 어린이가 아니지만, 회사를 쉬는 날이니 우리들의 어른이날이기도 합니다. 이날에 맞춰 부산에 내려왔습니다. 그 구하기 어렵다는 사직 야구장 표를 두 장이나 구해 준 귀인 덕분에 말이죠. 편지를 이어 가기에 앞서 주니 님에게 감사를 전합니다. 5월 5일, KBO는 300만 관중을 돌파했고, 4개 구장은 매진이 된 날, 치열한 경쟁을 뚫고 그중 한 자리에 제가 있었습니다.

어린이날에는 야구장에서 많은 이벤트가 열립니다. 크게는 매년 잠실 야구장에서 진행되는 LG와 두산의 잠실 더비가 있고, 자이언츠는 올해 포켓몬과 협업하여 유니폼, 응원 도구, 구조물 설치까지 아주 예쁘게 꾸며 놓았습니다.

어린이날에 야구장을 찾은 건 이번만이 아닌데요. '롯데교',

'부산 출신' 등이 쓰인 유니폼을 입고 걸음마를 떼자마자 입문당한 아기 팬부터 야구 규칙은 알고 즐기는 건지 모르겠으나 그저 신나 보이는 어린이 팬까지 볼 수 있는 날입니다. 예전에는 그저 귀엽고 재미있는 풍경이었는데, 이번에는 티켓을 구하기 위해 애쓰는 부모의 모습이 함께 그려지더군요.

 오후 2시, 오랜만에 마운드에 올라온 이민석 선수를 반갑게 응원합니다. 그런데 1회부터 홈런 포함 3실점, 공격권이 바뀔 때마다 전광판에 뜬 포켓몬 퀴즈를 풀다 보니, 어느새 점수는 1:7로 벌어져 있었습니다. 자이언츠 조지훈 응원단장이 어느 다큐에서 한 말이 떠올랐습니다. '지고 있을 때 하는 것이 진정한 응원이다.' 그의 정신을 본받아 응원의 열기를 올리려고 보니 9회말! 눈 깜짝할 사이에 마지막 아웃 카운트가 올라간 때가 오후 4시 15분, 2시간 15분 만의 패배였습니다. 평균 경기 시간이 3시간이 넘는 가운데 보기 드문 쾌속 패배였지요.

 오랜 팬이라면 잘 알겠지만, 어린이날 자이언츠의 승률은 극악이라 불리거든요. 특히 사직에서의 기록은 무시무시합니다. 회사 생활의 영향인지, 주니 님을 닮아 가는 건지 점점 기록을 찾아보는 것이 습관화되고 있습니다. 결과는 놀라웠습니다. 2007년부터 2024년까지 16번의 경기에서(취소 2경기) 11번을 졌습니다. 사직에서 열린 경기는 여덟 번 중 단 한 번만 승리했고요. 사직에서는 2007년 이후 단 한 번도 이긴 적이 없는 거죠. 사실 데이터를 확인하지 않고도 어느 정도 알고 있었습니다. 그중 네 번은 저도 사직에 있었거든요.

이쯤 되니 커다란 물음표가 생깁니다. 자이언츠는 왜 어린이날마다 지는 걸까요? 22,699명의 팬으로 매진된 올해도 왜 진 걸까요? 어린이날을 즐기러 왔던 아이들은 그렇게 어른이 되어 갑니다. 인생의 쓴맛을 굳이 어린이날, 야구장에서 배우게 됩니다. 하지만 롯데가 알아주었으면 합니다. 인생의 쓴맛을 경험하며 성숙해질 수도 있지만 삐뚤어질 수도 있다는 사실을요. 행복한 가정의 달과 연휴를 위해 앞으로는 잘 부탁합니다.

여기서 놀라운 사실을 하나 밝힙니다. 5월 5일경은 절기로 '입하' 즉 봄이 끝나고 여름이 시작되는 날입니다. 알다시피 우리 자이언츠는 봄에만 잘한다는 '봄데'라는 별명이 있습니다. 귀신같이 여름이 되는 입하에 봄데의 기세가 꺾이고 패배해 왔던 겁니다. 하지만 봄데라는 이미지를 벗어던지고, 내년에는 반드시 어린이날 패배에서도 벗어날 거라 믿습니다.

언젠가 저도 아이가 생긴다면 유니폼을 맞춰 입고 함께 사직으로 향하겠지요. 그날은 아이들이 야구장에서 꿈과 승리를 경험할 수 있기를요!

from. 드리

8. 부산 바닷가에 야구장이 생긴다고요?

낭만도, 안전도 지키고 싶은

        종종 메이저리그 하이라이트로 한국 선수들의 활약상을 챙겨 보는데요. 최근 이정후 선수의 경기를 보다 깜짝 놀랐습니다. 이정후 선수가 속한 샌프란시스코 자이언츠 야구장이 바다와 인접해 있다는 사실을 알고 있나요? 그곳의 이름이 바로 오라클 파크입니다. 상상해 봐요. 투수가 던진 공을 타자가 힘차게 때립니다. 타구는 저 멀리 날아가 담장, 아니 관중석까지 넘어 바다에 퐁당 빠집니다. 이름하여 스플래시 히트! 이런 홈런을 볼 수 있다니, 상상만 해도 짜릿하지 않나요? 바다 내음과 함께 야구를 즐기는 낭만, 언젠가는 꼭 한번 느껴 보고 싶습니다.

        그런데 그런 풍경을 머나먼 미국 땅이 아닌, 부산에서 만날

지도 모른다는 이야기가 들려옵니다. 부산 북항에 바다 야구장을 짓는 이야기가 모 기업 회장의 2,000억 원 기부 소식과 함께 보도되었거든요. 아직 확정되지 않아 기대하기에는 이르지만, 그래도 자꾸 머릿속으로 그려 보게 됩니다. (앞에서도 이야기했지만) T 성향이 아주 강한 저는 낭만적인 상상에 그치지 않고 현실적인 생각도 하게 되는데요. 바닷바람, 습기, 날씨의 영향까지 고려한다면 바다 야구장은 고척처럼 돔 구장이 되어야 합니다. 그런데 돔 구장에서는 바다 풍경을 즐길 수 없으니, 참으로 아이러니한 상황입니다.

사실 바다 구장을 만드느냐, 돔 구장을 짓느냐보다 중요한 건 '안전한' 야구장을 만드는 것입니다. 2025년 4월 11일부터 13일까지 NC 다이노스와 롯데 자이언츠의 경기가 사직 야구장에서 벌어졌습니다. 평소라면 자이언츠의 홈경기였겠지만, 이때는 다이노스의 홈 경기장이었습니다. 덕분에 NC 응원가가 사직을 가득 채우는 특이한 경험을 했죠. 전광판에 손아섭 선수가 나올 때마다 그가 아직 우리 자이언츠 곁에 있는 듯한 착각에 빠지는 신기한 경험도 할 수 있었죠.

NC가 사직 야구장을 홈 경기장으로 이용하게 된 건 3월 29일에 일어난 충격적인 사고 때문입니다. 창원NC파크에서 구조물이 추락하여 사망 사고가 발생했고, 이로 인해 NC가 임시 홈구장으로 사직과 울산 문수 야구장을 사용하게 된 것입니다. 야구를 사랑하는 사람으로서 이런 사고가 벌어졌다는 것에 이루 말할 수 없는 충격을 받았습니다. 직관을 자주 가는 만큼 남의 일로만 생각되지 않아 가슴 아팠고요. 기쁨과 슬픔, 즐거움과 분노가 공존하는 곳이 야구장입니다. 하지만 이곳에서 비극이 벌어지는 것은 용납할 수 없습니다. 야구장을 찾는 모든 이들이 '안전하게' 야구를 즐기기를 바랄 뿐입니다.

사직 야구장은 어떠할까요? 1985년에 지어진 이후, 40년간 부산의 상징처럼 존재해 왔습니다. 사직 야구장은 부산광역시와 롯데 구단이 2년 주기로 점검하고, 현재 큰 문제는 없다고 합니다. 국토교통부에 따르면 사직 야구장의 안전등급은 C등급. '시설물의 안전에는 지장이 없는 보통의 상태로, 주요 부재의 기능 저하 방지를 위해 보수 등이 필요함'을 의미합니다. 아무리 관리를 잘해도 무려 40년입니다. D등급의 미흡, E등급의 불량이 되지 않도록 주의를 기울여야 함은 물론, 재건축이나 신축도 적극적으로 고려할 때입니다.

낭만은 안전 위에 존재합니다. 안전 없는 낭만은 오히려 위협입니다. 야구장은 가족과의 추억, 친구와의 우정, 어린이의 희망이 자라는 곳입니다. 부디 안전한 야구장에서 오래오래 응원하고 싶습니다.

from. 주니

Dri	▲	**1리터 우유에 제티 타 먹는**
Joonie	**9**	**사람을 뭐라고 부를까요?**

B	●●●
S	●●
O	●●

어른입니다. 아니 '어른이'요

주니 님은 어떤 어른이 되고 싶었나요? 어릴 적 제가 생각한 어른은 아버지 같은 사람이었습니다. 뭐든 뚝딱 해내고, 어디서든 중심이 되는 사람이요. 한집안의 든든한 가장이기도 하고요. 지금은 많이 유해지셨지만 여전히 비슷한 인상을 가지고 계십니다. 문득 거울을 보며 생각합니다. '과연 나는 어른인 걸까? 그렇다면 어떤 어른일까?'

어릴 때 바라본 30대는 슈퍼맨이었는데, 30대가 된 나는 집에 들어와 손발 씻자마자 벌러덩 드러누워 중고 거래 앱 알람을 기다리고 있네요. 지금 등록되어 있는 키워드는 자이언츠, 피카츄, 롯데, 유니폼입니다.

최근 롯데그룹이 포켓몬과 컬래버를 하고 있는데, 그중 자이언츠는 피카츄가 들어간 유니폼과 응원 도구 등을 만들었습니다. 지금까지 여러 성공적인 협업을 한 자이언츠지만, 이번은 열기가 더욱 뜨겁습니다. 저 역시 어린이날 퍼레이드를 보고 홀딱 반해 버렸습니다. 구매는커녕 예약조차 어려운 상황 속에서 중고 거래 앱을 열심히 기웃거린 덕에 결국 유니폼을 구했습니다. 원가보다 5,000원 비싸게 사긴 했지만 배를 주고 살까도 고민했기에 이 정도면 만족합니다. 어렵사리 구한 유니폼은 피카츄 키링과 나란히 보관 중입니다.

생각해 보면 어른이 되어서 누리는 사치는 대단한 게 아닌 것 같습니다. 외제 차를 몰고, 유명 브랜드의 옷을 입고, 명품 시계를 차는 게 아니라, 그저 요플레 뚜껑 안 핥아 먹고 버리기, 1리터 우유에 제티 잔뜩 타 먹기, 새콤달콤 색깔별로 사 먹기, 피카츄 돈가스 나 혼자 10개 먹기 같은 어릴 적 해 보고 싶었지만 못 했던 소소한 것들입니다. 그리고 저에게 가장 큰 사치는 자이언츠 유니폼입니다.

2016년, 자이언츠가 8위로 시즌을 마무리하고 있을 무렵이었습니다. 수년째 개막전을 함께 본 형들에게 연락이 왔습니다. '유니폼 할인한다. 안 사면 손해다. 우린 전준우 선수 걸로 할 건데, 넌 뭐 살래? 돈은 빌려줄게.'

형들의 설득에 넘어가서 첫 유니폼을 장만했고, 그 유니폼과 함께 세 번이나 중계에 잡혔습니다(형들과 전준우 선수 유니폼을 맞춰 입은 날 말이죠). 유니폼을 빌려 입던 때가 있었는데, 지금은 8명이 함께 야구장에 가도 나눠 입을 만큼 있습니다. 합리적인 소비를 지향하는 저에게는 드물게 사치스러운 일인데, 일단 할인이 들어가면 자제하기가 쉽지 않습니다.

그냥 지나가기 아쉬운 컬래버가 또 하나 있는데요. 바로 '마!빵'입니다. 자이언츠 팬을 위한 띠부씰이 들어 있는 KBO 빵인데, 인기가 높고 맛도 좋습니다. 지금 살이 2킬로 정도 쪘는데 농담이 아니라 빵을 너무 많이 먹어서입니다. 어릴 때 포켓몬 스티커를 열광하며 모으던 세대라면 결코 참을 수 없지요.

사직 야구장은 벌써 13경기째 연속 매진입니다. (2025년 전반기 기준 22경기 매진 기록을 달성했습니다.) 컬래버 같은 재미 요소도 인기에 한몫한 게 아닐까 싶습니다. 프로야구의 인기가 하늘을 찌르며 야구 이야기를 나눌 사람이 많아졌습니다. 예전에는 야구장에 열 번 갔다고 하면 엄청 헤비하게 야구를 즐기는 사람으로 비춰졌는데, 지금은 어떻게 열 번이나 예매에 성공했냐고 부러워합니다. 게다가 자이언츠가 잘하고 있어서 더할 나위 없이 좋습니다. 계속해서 외쳤던 '올해는 다르다'는 걸 보여 주고 있어요. 딱 하나 아쉬운 건 야구를 너무 잘하니까 예매가 정말 어렵습니다. 세상에 좋기만 한 일은 없나 봅니다.

  제 목표는 테이블석 시즌권을 사서 홈경기를 보러 다니는 거예요. 주니 님처럼 야구장 앞에서 사는 꿈도 멋지지만, 아무래도 직관의 감성을 포기할 수 없을 것 같아요. 언젠가는 목표를 이룰 수 있겠지요. 하지만 지금은 또 다른 굿즈 결제를 고민하며 잔고를 확인하고 있는 현실 속 어른이입니다. 어째 점점 결제가 가속화되는 것 같은데, 정신을 꼭 붙잡아야겠어요.

from. 드리

| Dri | **10** | **월요병보다 무서운** |
| Joonie | ▼ | **야없날병** |

B ●●●
S ●●　　행복할 수 없는 야구팬의 숙명
O ●●

　　　　　　침대에서 일어나고 싶지 않습니다. 출근하는 몸은 왜 이렇게 무거운지요. 퇴근 시간을 애타게 기다리지만 아직 점심시간도 되지 않았습니다. 온종일 의욕이 없습니다. 드리 님이 말했던 '아무것도 하기 싫어병'과 유사한 이 모습은 주로 특정 요일에 나타납니다. 맞습니다. 월요일에 나타나기에 소위 '월요병'이라고 부르지요.

　즐거운 주말을 보낸 이후 회사로 향하는 이들에게 나타나는 월요병은 피로감, 무기력감, 권태감 등이 주된 증상입니다. 직장인 중 월요병에 안 걸려 본 사람은 거의 없을 겁니다. 그런데 제가 겪는 월요병은 이와는 조금 다릅니다. 월요병은 보통 퇴근 시간이 가까워지면서 증상이 완화되기 마련인데, 저는 오히려 악화됩니다. 특히 오후 6시 반을 기점으로 헛헛함이 극에

달하고, 마음속이 텅 빈 듯한 느낌이 자기 전까지 계속됩니다. 왜 이런 걸까요? 이는 '야없날병('야구 없는 날에 걸리는 병'의 줄임말)'이 동반되었기 때문입니다.

시즌 동안 144경기를 치러야 하는 선수들도 일주일 중에 하루는 쉬어야 하지 않겠습니까? 월요일은 KBO가 쉬는 날입니다. 이를 잘 알고 있으면서도 야구가 없는 월요일은 버티기가 힘듭니다.

물론 그저 가만있지는 않습니다. 월요일을 견뎌 내고자 많은 일을 하는데요. 우선 자이언츠 경기의 하이라이트를 찾아보고, 프로야구 순위표를 훑어봅니다. 아래쪽 위주로 보던 버릇 때문에 밑에서부터 보다가 가장 위편에서 우리 팀의 순위를 발견하면 절로 힐링이 됩니다. 유튜브 'Giants TV'의 선수 영상도 빼놓을 수 없죠. 이어서 관련 기사를 검색하고, 이번 주 날씨를 확인합니다. 우천 취소 가능성은 없는지 미리 살펴보는 거죠. 그다음 도착한 곳은 '롯데자이언츠샵'입니다. 아이쇼핑에서 멈추지 못하고 결국 마음을 흔든 올드 블랙 유니폼을 사고 맙니다. 고민 끝에 윤동희 선수로 마킹까지 완료했죠. '마! 빵' 찾아 삼만리를 떠나기도 했습니다. 사직 야구장 앞에서 구했는데, 조만간 새로운 빵이 출시된다고 하여 또 찾아 나설 계획입니다.

이 정도면 야없날병을 극복하고도 남아야 하는데, 올해는 쉽지 않습니다. 야구가 너무 잘되니까 야구 없는 날이 더욱 더디게 흐릅니다.

2022년에는 20번 직관 중 13번을 졌고, 2023년에는 에베레스트산에서 번지점프 하듯이 1위 찍고 7위까지 떨어졌습니다. 2024년에는 10위로 출발하여 중간에 희망을 맛만 보여 줬다가 결국 미지근한 탄산수처럼 맥없이 마무리하였습니다. 그때는 가슴이 너무 갑갑해서 월요일이 오히려 반갑기도 했습니다. 그러나 올해는 진짜 다릅니다. 이기니까 더 보고 싶고, 도파민이 넘치니 야구 없이 단 하루도 살 수가 없습니다.

얼마 전 야구 관람객을 대상으로 조사한 보고서를 봤습니다. 자료에 따르면 야구팬들의 직관 이유는 정말 다양한데(좋아하는 팀 또는 선수를 응원하기 위해, 가족 또는 지인과 즐거운 시간을 보내기 위해, 일상의 스트레스에서 벗어나기 위해 등), 롯데는 거의 모든 이유에서 평균보다 높은 수치를 보였습니다. (유일하게 평균보다 낮은 수치가 나온 이유는 '경기 초대권을 받아서'였습니다.) 이게 왜 놀라웠느냐면 작년 롯데 순위를 떠올려 보면 됩니다. 성적과 롯데 자이언츠 직관 사이에 상관관계가 낮다는 걸 알 수 있거든요. 롯데 팬들은 성적과 관계없이 야구장을 가장 열정적으로 찾는 팬들이더군요.

그런데 2025년 5월 말 기준, 자이언츠는 패배보다 훨씬 많은 승리를 거두고 있습니다. 항상 승리에 목마르고 가을야구를 갈구한 자이언츠 팬들의 마음을 뒤흔들고 있단 말이죠. 최근 6경기에서 44점을 낸 우리 선수들. 치열한 접전 끝에 연장전, 역전승 등 그야말로 팬심을 들었다 놨다 했습니다. 아마도 수많은 팬들이 저처럼 야없날병을 앓고 있을 것 같습니다.

하지만 설레발은 않겠습니다. 이제 겨우 50경기가 지나갔을 뿐입니다. 이기니까 즐거우면서도 한편으로는 패배의 구렁텅이에 빠지면 어쩌나 걱정하고 있습니다. 순위가 낮으면 슬프고, 높으면 추락할까 봐 불안한 걸 보면 야구팬은 마냥 행복할 수가 없나 봅니다. 모쪼록 승리가 패배보다 많은 상황이 유지되어, 올가을은 야구와 함께하길 바라고 바랄 뿐입니다.

아, 방금 월요일이 시작되었어요. 앞으로 42시간 30분을 야구 없이 어떻게 지내야 하죠?

from. 주니

에필로그

다시, 홈으로

　어린 시절을 떠올려 보면, 주말 점심에는 어떤 식당에 가도 TV에서 야구가 방영되고 있었다. 에어컨이 거의 없던 시기였다. 사장님은 부채질로 더위를 이겨 내며 TV에서 눈을 떼질 못했다. 양 손바닥으로 가려질 만한 크기의 TV였지만, 가게 안의 모든 사람이 작은 사운드바에서 나오는 중계에 집중했다. 찬스가 왔을 땐 얼마나 고요해지는지 가게 안의 선풍기가 고개를 돌릴 때 나는 기계음과 가게 밖에서 아이들이 뛰노는 소리가 들릴 정도였다. 자이언츠에 좋고 싫고 이유가 없던 건 너무 당연했기 때문이다. 자이언츠의 성적이 내려갈 때쯤에는 공부 빼고 모든 게 재미있는 학창 시절이었고, 로이스터의 야구로 자이언츠에 봄이 왔을 때는 직관을 다니면서 흥미를 이어 갔다. 이젠 소비력을 가진 직장인이 되어 어느 지역에서 경기하든 찾아갈 수 있게 되었으니, 쉴 새 없이 야구를 볼 수 있는 여건이 자연스럽게 마련되었다.

야구는 인생의 축소판이라는 말이 있다. 규칙만 해도 그렇다. 홈에서 나갔다가 다시 홈으로 돌아오면 점수가 난다. 루를 훔쳐서 집으로 한 발, 누군가의 희생을 발판 삼아 집으로 한 발 다가간다. 가끔은 조금 더 빨리 집으로 돌아가고자 다른 사람이 대신 뛰어 주기도 한다. 그 이후론 다른 팀원의 도움을 받아야만 집으로 갈 수 있다. 집에 돌아오기 참 고되다.

야구의 매 타석은 우리의 성장 과정과 닮아 있다. 우리는 새로운 환경을 맞이할 때면 그에 따른 새로운 기회를 얻는다. 나는 겁은 많았지만, 일단 시작하면 달리는 추진력 하나를 믿고 호기롭게 부딪히며 배움을 얻었다. 아쉬움이 있다면 대부분의 배움은 실패에서 온다는 거였다. 준비 방법, 마음가짐뿐만 아니라 하지 말아야 할 것에 대해서도 하나씩 몸으로 배우게 된다. 그러나 점점 새로운 도전과 따라올 실패가 두려워지기 시작한다. 시간이 흐를수록 성공의 경험보다 실패의 경험이 쌓이기 때문이다. 그럴 때마다 이 말을 되뇌곤 한다. '열 번 중 일곱 번 안타에 실패한 사람을 리그에서 손꼽히는 3할 타자라고 부른다.' 세 번 안타를 친다는 건 홈으로 들어오는 게 아니라 홈으로 갈 수 있는 기회를 창출한 횟수라는 걸. 나의 세계에서 3할도 높은 타율이라는 걸 되뇌면 실패에 대한 두려움이 조금 가신다.

첫 회사에서 8년째 막내로 다니고 있다. 긴 도전 중이라고 생각하다 보면 경험과 성장의 폭에 제한을 느끼기도 한다. 그래서 작게라도 개인적 변화를 주기 위해 노력해 왔다. 이런 노력의 결과물이 여행, 바디 프로필 촬영, 독서량 늘리기, 글쓰기, 블로그 운영하기, 밴드 활동 등으로 이어진다. 이는 나에게 작은 성공과 경험으로 쌓여 다시 다른 취미 혹은 업무와 연계되기도 한다. 이번 시즌의 타율이 아쉬워도 수비 능력, 주루 센스, 배트 스피드, 선구안을 기르며 홈으로 돌아올 수 있는 선수로 성장하는 게 필요하다. 업무 외적인 취미 생활이 결국 다시 내가 집으로 돌아갈 원동력이 된다.

편지에서처럼 야구를 관람하는 건 합리적인 비용, 신나는 응원 문화, 다양한 먹거리, 문화생활에 대한 만족감 등의 장점이 있다. 무엇보다 이를 즐기고 있고, 글을 쓰면서 더욱 몰입하고 있다. 심지어 편지를 주고받는 기간 동안 내림세를 지나 오름세를 겪고 있으니 재미가 배가 되었다. 그러나 본질적으로는 집을 떠나 다시 집으로 돌아오는 스포츠에 대한 끌림이 있는 것 같다. 내가 당장 현실에서 하지 못하는 걸 해내는 선수들을 보면서 대리 만족을 얻고 있는 것 같기도 하다.

이리저리 감상을 늘어놓았지만, 솔직히 삶은 충분히 고되다. 그러니 굳이 야구에서 인생의 축소판을 느끼기보단 그냥 이겼으면 좋겠다. 야구는 이겨야 재밌으니까. 그런 의미에서 올해는 참 재미있다. 올해는 다르다고 외쳤던 그 수많은 해 중 유난히 재미있다. 우리가 많은 고통 속에 어른이 되기 위한 성장통을 겪어 온 것처럼 그 어떤 해보다 더 재미있는 한 해가 되길. 야구 없는 월요일이 아쉬워서 못 견딜 만큼 그 재미가 계속해서 이어지길 바라 본다.

드리

에필로그

진짜로 로또 1등 포기할 수 있어요? 정말로요?

"'소원을 하나 빌 수 있다면 로또 1등보다 롯데 자이언츠의 우승을 바라는 저의 이야기, 궁금하신가요?' 이 부분 읽으면서 정말 궁금했는데, 진짜예요?"

이 책의 첫 번째 미팅 도중 나온 이야기다. 이건 마치 영화를 홍보하러 나왔다가 '롯데 우승 vs 영화 흥행' 중 한 가지만 선택해야 하는 부산 출신 조진웅 배우의 상황과 비슷했다. 나의 선택은 무엇이었을까? 너무 명확해서 고민할 필요가 없더라. 편집장님의 눈을 바라보고 망설임 없이 대답했다.

"네, 맞습니다. 로또 1등 포기할 테니, 롯데가 제발 우승하면 좋겠어요."

조진웅 배우가 단호하게 롯데 우승을 고른 것처럼 나 또한 다르지 않았다.

사주명리학에서 인생에는 반드시 세 번의 기회가 온다는 이론이 있다. 딱히 믿는 건 아니지만, 만일 내 상황을 여기에 대입하면 나는 기회 한 번은 이미 쓴 게 아닌가 싶다. 5~6살 무렵, 부모님께 받은 500원으로 산 치토스에서 '한 봉지 더!'가 나왔다. 에이 설마, 이게 무슨 인생의 기회 세 번 중 한 번일까 생각하는 분도 계시겠지만, 여기서 끝이 아니다. 한 번, 두 번, 세 번… 계속해서 '한 봉지 더!'가 나온 거다. 열한 번째 방문부터는 슈퍼 사장님이 앞에서 뜯어 보라고 했고, 결말은 가게에 있던 치토스가 모두 내 것이 되었다는 전설로 마무리되었다. 하여튼 치토스 무한 당첨에 인생의 기회 한 번을 사용했다고 하더라도, 나에게는 아직 두 번의 기회가 남아 있다. 그리고 나는 이 기회를 모두 롯데 자이언츠의 우승에 써도 전혀 아깝지 않다.

영화 〈어벤져스: 인피니티 워〉에서 사상 최악의 적 타노스를 상대로 이길 수 있는 확률을 닥터 스트레인지가 타임스톤을 이용하여 내다본 결과, 무려 14,000,605분의 1이었다.

그렇다면 2025년 롯데 자이언츠의 우승 확률은 어떨까? 야구 전문가도 아니고 일개 야구팬인 내가 그걸 어떻게 예측할 수 있겠는가. 그렇게 생각했는데 나를 도와줄 친구가 생각났다. 똑똑한 친구 ChatGTP에게 물었다. '2025년 6월 29일 기준, 프로야구 현 상황을 봤을 때 롯데 자이언츠의 우승 확률에 대해 말해 줘.' 이 질문에 대한 답은 '8~12%'다. 홈과 원정 성적 차이, 상대 전력(현재 승률), 잔여 경기 수 등의 요소를 반영하는 식으로 더욱 정밀하게 시뮬레이션을 돌리니, 우승 확률은 약 8~10%가 나왔다. 부상 혹은 이탈, 강팀과의 연속 대결, 불펜 재정비 등의 변수를 제외한다면 포스트시즌 진출 확률은 약 92%라고도 했다.

타노스 물리치기, 치토스 무한 당첨, 로또 1등과 비교하면 자이언츠의 가을야구와 우승은 누워서 떡 먹기 수준 아닌가?

정말 그럴 리는 없겠지만 8,145,060분의 1의 확률을 뚫고 로또 1등에 당첨된다면, 거기에 최대 당첨금 400억이 나에게 온다면, 솔직히 많이 흔들리긴 할 것 같다. 그래도 내 선택은 롯데 우승이다. 돈이야 뼈 빠지게 천년쯤 벌면 얼추 마련할 수 있을 테니까.

속으로만 다짐하던 바를 편집장님과 드리 님 앞에서 말하며 공개적으로 로또 1등 대신 롯데 우승을 택했다. 나의 롯데를 향한 미친 사랑에 출판사가 감동한 걸까? 얼마 후 출판사와 계약했다. 그러나 2025년 3월 22일 토요일, 개막전을 보고 이내 후회했다. '올해는 무조건 가을야구 간다고 자신 있게 어필했는데…. 2025년은 무조건 잘 될 거라고 믿어 의심치 않았는데…' 미안한 마음에 한동안 출판사에 연락할 수 없었다는 내 속마음을 이제야 전해 본다.

다행스럽게도 롯데 자이언츠는 증명해 내고 있다. 작년보다 더 단단해졌다는 걸. 올해는 가을야구 갈 확률이 더 높아졌다는 걸. 늘 믿고 있지만, 올해는 좀 더 믿어 봐도 된다는 우리의 선포가 틀리지 않았다는 걸. 결론을 내리기엔 조심스럽지만 패배보다 승리가 많은 시즌으로 흐르고 있으니, 속는 셈 치고 한 번 더 믿어 보련다.

부디 남은 정규 시즌 경기도 하나하나 잘 풀어 가길 바랄 뿐이다. 그렇게 모이고 모여서 우리가 원하던 가을에 도달하면 좋겠다. 언제가 될지 모르겠지만, 자이언츠의 21세기 첫 우승이자 창단 후 세 번째 우승이 찾아와서 자이언츠가 우승 못 한 기간과 내 나이의 동일성이 깨지기를 바란다. 그리고 그때 다시 한번 야구 이야기로 책을 쓰고 싶다. 이번 책과 완전 다른 전개로 말이다. 가을야구 가는 게 너무 자연스러워져서 추울 때 야구 못 보는 일을 걱정하지 않는 이야기, V3를 넘어 다음 우승을 향해 열정적으로 달려가는 이야기, 자이언츠에 대한 자부심과 자랑이 가득 담긴 책. 훗날 그런 책을 꼭 쓰고 싶다. 그 기다림이 생각보다 짧을 거라고 믿는다.

PS. 이 책을 내기까지 무한한 믿음을 보내 준 허밍버드 출판사에 감사합니다. 무엇보다 이 책의 끝에 다다를 수 있도록 자신의 이야기를 펼쳐 나간 드리 님에게도 고마움을 전합니다.

주니

추천의 말

    다큐멘터리 〈죽어도 자이언츠〉를 만들며 늘 궁금했습니다. 우리는 왜 이토록 롯데를 사랑할까? 이 책은 그 질문에 대한 가장 솔직하고 따뜻한 답을 들려줍니다.

    책을 펼치자 사직의 함성과 탄식이 고스란히 귓가에 울리는 듯했습니다. 야구를 삶의 활력소로 삼는 '라이트 팬'과 팀의 승패에 일상이 흔들리는 '헤비 팬'. 전혀 다른 온도의 두 저자가 주고받는 편지는 야구와 인생을 절묘하게 엮어 내며 우리 모두의 마음을 대변합니다. 회사의 변화를 야구 룰에 빗대고, 사소한 징크스에라도 승리를 염원하는 모습에서 제가 카메라에 담고 싶었던 팬들의 진심을 보았습니다.

    '부산에 태어난 원죄'라는 숙명 속에서도 희망을 찾는 이들의 이야기는, 제 다큐가 팬덤 전체를 담은 와이드 숏이었다면, 이 책은 팬 한 명 한 명의 얼굴을 비추는 따뜻한 클로즈업입니다. 롯데 팬에게는 거울이, 다른 팬에게는 롯데 팬덤의 속살을 들여다볼 창이 되어 줄 것입니다. 야구를 그리고 롯데를 사랑하는 모든 이들에게 기꺼운 마음으로 이 책을 추천합니다.

〈죽어도 자이언츠〉 감독·PD **이동윤**